Joseph Viktor von Scheffel

Gaudeamus

Lieder aus dem Engeren und Weiteren

Joseph Viktor von Scheffel

Gaudeamus
Lieder aus dem Engeren und Weiteren

ISBN/EAN: 9783743416055

Hergestellt in Europa, USA, Kanada, Australien, Japan

Cover: Foto ©Thomas Meinert / pixelio.de

Manufactured and distributed by brebook publishing software (www.brebook.com)

Joseph Viktor von Scheffel

Gaudeamus

Gaudeamus!

Lieder

aus dem

Engeren und Weiteren

von

Joseph Victor von Scheffel.

Neunundvierzigste unveränderte Auflage.

—◦◦◦—

Stuttgart.

Verlag von Adolf Bonz & Comp.

1887.

Druck von A. Bonz' Erben in Stuttgart.

Inhalt

Widmung.

Vergnüglich flüsternd ziehn des Neckar Wogen
Vorbei dem Ursitz deutscher Wissenschaft,
Hoch ob der Brücke schlanken Pfeilerbogen
Hebt sich des Schlosses giebelstolze Kraft.
Ein Blütenschnee von Kirschen, Pfirsich, Flieder
Flockt duftverhauchend um das junge Grün,
Und prangt Altheidelberg im Lenzschmuck wieder
Sorgt Niemand viel sich um des Lebens Mühn.

In diesem Thal der weißen Blütenbäume
Kam mir des Ortes Genius oft genaht
Und fügte Scherz, Humor und heitre Träume
Zum Wissensernst der alten Musenstadt.

Er gieng nicht steif in classischen Gewanden,
Gieng keck und flott und trank wie ein Student,
Und glich nicht viel den neun antiken Tanten,
Die man im Mythus mit Apollo nennt.

Was Er mich lehrte, bracht' ich in den Engern,
Wo eine treubewährte Freundesschaar
Den Mittwoch in den Donnerstag zu längern
Bei goldnem Rheinwein oft beflissen war.
Da fiels nicht schwer, die Saiten hell zu schlagen,
Selbst würdige Pfarrherrn wurden singend laut,
Wenn uns ein Meister, dessen Tod wir klagen,
Mit kundiger Hand den Maientrank gebraut.

Zwei Kesselpauken dienten als Orchester
Und eines Ofenschirms gewalztes Blech,
Das dröhnte oft zum Rundgesange fester
Denn Meeressturm und wilden Heers Gezech.
Zum lustigen Wort fand sich die lustige Weise
Und oft scholl Beifall unsrer schlichten Art,
Als läg' in diesem Maiweinnippekreise
Waldmeisters Wunderhorn als Schatz verwahrt.

Als von der Neckarstadt, der ewig heitern,
Zur Ferne sich mein Lebenspfad gewandt,
Ward manch ein Schreibebrief noch aus dem Weitern
Mit Freundesgruß dem Engern zugesandt.
Von welschen wie von deutschen Landschaftsbildern
Hielt Dies und Das Erinnerung zurück
Gleich Blättern eines Skizzenbuchs: sie schildern
Harmloser Wanderlust verflüchtigt Glück.

Nun schau ich aus solidem Schwabenalter
Auf dieser Lyrik jugendtollen Schwung
Und reiche lächelnd meinen Liederpsalter
Den Zechern allen, die im Herzen jung.
Wer Spaß versteht, wird manchmal kräftigst lachen,
Und wen manch Lied schier allzudurstig däucht,
Der tröste sich: 's war anders nicht zu machen,
Der Genius Loci Heidelbergs ist feucht!

Im Mai 1867.

I.

Naturwissenschaftlich.

Der Granit.

In unterirdischer Kammer
Sprach grollend der alte Granit:
„Da droben den wäss'rigen Jammer
Den mach' ich jetzt länger nicht mit.
Langweilig wälzt das Gewässer
Seine salzige Flut über's Land,
Statt stolzer und schöner und besser
Wird Alles voll Schlamm und voll Sand.

„Das gäb' eine mitleidwerthe
Geologische Leimsiederei,
Wenn die ganze Kruste der Erde
Nur ein sedimentäres Gebräu.
Am End würd' noch Fabel und Dichtung
Was ein Berg — was hoch und was tief;
Zum Teufel die Flötzung und Schichtung,
Hurrah! ich werd' eruptiv!"

Er sprach's und zum Beistand berief er
Die tapfern Porphyre herbei,
Die crystallinischen Schiefer
Riß höhnisch er mitten entzwei.
Das zischte und lohte und wallte
Als nahte das Ende der Welt;
Selbst Grauwack, die züchtige Alte,
Hat vor Schreck auf den Kopf sich gestellt.

Auch Steinkohl' und Zechstein und Trias
Entwichen, im Innern gesprengt,
Laut jammert im Jura der Lias,
Daß die Glut ihn von hinten versengt.
Auch die Kalke, die Mergel der Kreiden
Sprachen später mit wichtigem Ton:
„Was erstickte man nicht schon bei Zeiten
Den Keim dieser Revolution?"

Doch vorwärts, trotz Schichten und Seeen,
Drang siegreich der feurige Held,
Bis daß er von sonnigen Höhen
Zu Füßen sich schaute die Welt.
Da sprach er mit Jodeln und Singen:
„Hurrah! das wäre geglückt!
Auch Unsereins kann's zu 'was bringen,
Wenn er nur herzhaftiglich drückt!"

Der Ichthyosaurus.

Es rauscht in den Schachtelhalmen,
Verdächtig leuchtet das Meer,
Da schwimmt mit Thränen im Auge
Ein Ichthyosaurus daher.

Ihn jammert der Zeiten Verderbniß,
Denn ein sehr bedenklicher Ton
War neuerlich eingerissen
In der Liasformation.

„Der Plesiosaurus, der Alte,
Er jubelt in Saus und Braus,
Der Pterodactylus selber
Flog neulich betrunken nach Haus.

„Der Iguanodon, der Lümmel,
Wird frecher zu jeglicher Frist,
Schon hat er am hellen Tage
Die Ichthyosaura geküßt.

„Mir ahnt eine Weltkatastrophe,
So kann es ja länger nicht geh'n;
Was soll aus dem Lias noch werden,
Wenn solche Dinge gescheh'n?"

So klagte der Ichthyosaurus,
Da ward es ihm kreidig zu Muth;
Sein letzter Seufzer verhallte
Im Qualmen und Zischen der Flut.

Es starb zu derselbigen Stunde
Die ganze Saurierei,
Sie kamen zu tief in die Kreide,
Da war es natürlich vorbei.

Und der uns hat gesungen
Dies petrefactische Lied,
Der fand's als fossiles Albumblatt
Auf einem Koprolith.

·─·─·

Der Tazzelwurm.

Festlied bei Aufstellung des Herbergschildes „zum feurigen Tazzelwurm"
am Bergwirthshäuslein zu Rehau, beim Uebergang über die Audorfer
Almen.

. . .

Als noch ein Bergsee klar und groß
In dieser Thäler Tiefen floß,
Hab' ich allhier in grober Pracht
Gelebt, geliebt und auch gedacht
    Als Tazzelwurm.

Vom Pentling bis zum Wendelstein
War Fels und Luft und Wasser mein,
Ich flog und gieng und lag gerollt,
Und statt auf Heu schlief ich auf Gold
    Als Tazzelwurm.

Hornhautig war mein Schuppenleib
Und Feuerspei'n mein Zeitvertreib,
Und was da kroch den Berg herauf,
Das blies ich um und fraß es auf
    Als Tazzelwurm.

Doch als ich mich so weit vergaß
Und Sennerinnen roh auffraß,
Da kam die Sündflut grausenhaft
Und tilgte meine Bergwirthschaft
    Zum Tazzelwurm.

Jetzt zier' ich nur gemalt im Bild
Des Schweinesteigers neuen Schild,
Die Senn'rin hört man jauchzend schrei'n
Und keine fürcht't das Feuerspei'n
    Des Tazzelwurms.

Und kommt so ein gelahrtes Haus,
So höhnt's und spricht: „Mit dem ist's aus,
Der war ein vorsündflutlich Vieh,
Doch weise Männer sah'n noch nie
    Den Tazzelwurm."

Kleingläub'ge Zweifler! kehrt nur ein
Und setzt auf Bier Tiroler Wein . . .
Ob Ihr dann bis nach Kufstein fleucht,
Ihr spürt, daß ich Euch angekeucht
    · Als Tazzelwurm.

Und ernsthaft spricht der Klausenwirth:
„Schwernoth! woher sind die verirrt?
Das Fußwerk schwankt . . . im Kopf ist Sturm . . .
Die sahen all' den Tazzelwurm!
    Den Tazzelwurm!"

--◆--

Das Megatherium.*

Was hangt denn dort bewegungslos
Zum Knaul zusammgeballt
So riesenfaul und riesengroß
Im Ururururwald?
Dreifach so wuchtig als ein Stier,
Dreifach so schwer und dumm —
Ein Kletterthier, ein Krallenthier:
Das Megatherium!

Träg glotzt es in die Welt hinein
Und gähnt als wie im Traum
Und krallt die scharfen Krallen ein
Am Embahubabaum.
Die Früchte und das saftige Blatt
Verzehrt es und sagt: „Ai!"
Und wenn's ihn leergefressen hat,
Sagt's auch zuweilen: „Wai!"

* Cuvier Ossements fossiles V, 1. p. 174. tab. 61.

Dann aber steigt es nicht herab,
Es kennt den kürzern Weg:
Gleich einem Kürbis fällt es ab
Und rührt sich nicht vom Fleck.
Mit rundem Eulenangesicht
Nickt's sanft und lächelt brav:
Denn nach gelungener Fütterung kommt
Als Hauptarbeit der Schlaf.

... O Mensch, dem solch ein Riesenthier
Nicht glaublich scheinen will,
Geh' nach Madrid! dort zeigt man dir
Sein ganz Skelett fossil.
Doch bist du staunend ihm genaht,
Verliere nicht den Muth:
So ungeheure Faulheit that
Nur vor der Sündflut gut.

Du bist kein Megatherium,
Dein Geist kennt höhere Pflicht,
Drum schwänze kein Collegium
Und überfriß dich nicht.
Nütz' deine Zeit, sie gilt statt Gelds,
Sei fleißig bis zum Grab,
Und steckst du doch im faulen Pelz,
So fall' mit Vorsicht ab!

— ·—◆·— —

Der Basalt.

„Mag der basaltene Mohrenstein
Zum Schreck es erzählen im Lande,
Wie er gebrodelt in Flammenschein
Und geschwärzt entstiegen dem Brande:
Brenn's drunten noch Jahr aus Jahr ein,
Beim Wein soll uns nicht bange sein,
Nein, Nein!
Soll uns nicht bange sein!

F. v. Kobell, Urzeit der Erde, p. 23.

—

Es war der Basalt ein jüngerer Sohn
Aus altvulcanischem Hause,
Er lebte lange verkannt und gedrückt
In erdtief verborgener Klause.

Vulcanische Kraft war damals gehaßt
Ob ihrer zerstörenden Schläge,
Dem Ruhebedürfniß der Erde entsprach
Entwicklung auf feuchtem Wege.

Eintönig wogte die Flut und litt
Nichts Hartes mit scharfer Kante,
Die Felsen zerrieb sie zu Kieselstein,
Die Kiesel zerrieb sie zu Sande.

Erdmännlein die klugen erkannten betrübt
Die Gefahr allmähl'cher Versumpfung,
Da schürten sie unten leis am Basalt:
„Erwach' aus deiner Verdumpfung!

„Erwach', sei ein Mann und erhebe dein Haupt,
Zerspreng' die beengenden Bande,
Aus himmelansteigender Felsenburg
Beherrsch' die geschichteten Lande!

„Erwach' und ruf: perrumpendum est!
Wie drüben im Alpenbezirke
Deine tapfern Ahnen Granit und Porphyr,
Die Stammherrn der kühnsten Gebirge.“

Da hub der Basalt zu seufzen an,
Er hatte, von Langweil betrübet,
Ein geologischer Romeo,
Sich in die Molasse verliebet.

Molasse, der Erbfeinde Töchterlein,
Moderne, marinische Schichten! . . .
Drum nagte der Gram, wie verzehrender Rost,
An seinem Trachten und Dichten.

Um der Tiefe centrale Urfeuer lag
Er träumend und sprach wie im Fieber:
„O wär' ich ein wäss'riger Niederschlag
Und bei Ihr ... das wäre mir lieber!"

Erdmännlein die klugen, sie trugen stets
Den Fortschritt des Ganzen im Sinne;
Was kümmert solch doctrinäres Volk
Des Einzelnen Herzweh und Minne?

Und wieder hetzten und schürten sie scharf:
„Lass' ab von deinen Visionen,
Du erntest nur einen Korb und den Spott
Der sämmtlichen Formationen.

„Schon flüstert's der Onkel Steinsalz dem Kalk,
Schon basen es höhnisch die Wellen:
„„Wie kann sich des Meeres drittältestes Kind
Dem Auswurf des Feuers gesellen?""

... Was weiter geschah, man erfuhr es nie,
Doch plötzlich faßt' ihn ein Wüthen,
In feuriger Lohe schnob er heraus,
Seine Adern glühten und sprühten.

Lautrasend drang er nach oben vor
Und sprengte mit sengenden Gluten
Die Decke der Schichten, die wie ein Alp
Schwerlastend über ihm ruhten.

Auch sie, für die er einst schwärmte, sank
Als Opfer der grimmen Verheerung.
... Auflacht' er höhnisch und hüllt' sich in Rauch
Und stürmte zu neuer Zerstörung.

Und Schlag auf Schlag — dumpfkrachend Getös
Von tausend und tausend Gewittern ...
Die Erde barst, es durchzuckte sie tief
Ein Schüttern und Zittern und Splittern.

Bis steil majestätisch der feurige Kern
Den klaffenden Spalten entsteiget,
Und trümmerbesät sich Land und Flut
Dem Säulengewaltigen neiget.

Da stand er und schaute die blauende Luft
Und der Sonne lichtspendendes Walten,
Dann seufzte er tief ... kühl weht es vom See ..
Dann sank er in starres Erkalten.

Doch in dem Gefelse wohnt heute noch
Ein seltsam Tönen und Klingen,
Als woll' es von seliger Jugendzeit
Ein Lied der Sehnsucht uns singen.

Und ein goldgelb Tröpflein Natrolith
Im geschwärzten Stein oft erscheinet ...
Das sind die Thränen, die der Basalt
Der gesprengten Molasse weinet.

Der erratische Block.

—

Einst ziert' ich, den Aether durchspähend,
Als Spitze des Urgebirgs Stock,
Ruhm, Hoheit und Stellung verschmähend,
Ward ich zum erratischen Block.

Man sagt, wenn's dem Denker zu wohl ist,
So wagt er sich kecklich auf's Eis:
Mir winkten, wo's klüftig und hohl ist,
Schneejungfrau'n, verführend und weiß.

Doch als ich mit Poltern und Lärmen
Abstürzend auf's Firnfeld mich hub,
Verbüßt' ich mein jugendlich Schwärmen
Mit tausendjährigem Schub.

Scharf wies mir der Gletscher die Zähne:
„Hier, Springinsland, wirst du polirt,
Und im Schutt meiner großen Moräne
Als Fremder thalab transportirt."

Geritzt und gekritzt und geschoben
Entrollt' ich in spaltige Schluft,
Ward stoßweis nach oben gehoben,
Gewälzt und gepufft und geknufft.

Da bleib' Einer sauber und munter
In solchem Gerutsch und Geschlamm;
... Ich kam immer tiefer herunter,
Bis der Eiswall in's Urmeer zerschwamm.

Und der spielt die traurigste Rolle,
Dem die Basis mit Grundeis ergeht ...
Ich wurde auf treibender Scholle
In des Oceans Brandung verweht.

Plimp, plump! Da gieng ich zu Grunde,
Lag elend versunken und schlief,
Bis in spät erst erlösender Stunde
Sich Gletscher und Sündflut verlief.

Den entwässerten Seegrund verklärte
Die Sonne mit wärmerem Strahl,
Und mit der Rhinozerosheerde
Spazierte der Mammut durch's Thal.

Nun lagern wir Eiszeitschubisten
Nutzbringend als steinerne Saat
Und dienen dem Heiden wie Christen
Als Baustoff für Kirche und Staat.

*   *   *

Dies Lied ist zwei Forschern gelungen
Im Gau zwischen Aare und Reuß;
Das Wirthshaus, in dem sie es sungen,
War ganz von erratischem Gneus.

Sie sungen es ernst und dramatisch
In die Findlinglandschaft hinein
Und schoben sich selbst dann erratisch
Mit Holpern und Stolpern vom Wein.

Der Komet.

Ich armer Komet in dem himmlischen Feld,
Wie ist's doch so windig mit mir bestellt!
Ich leb' in steten Sorgen,
Mein Licht selbst muß ich borgen . . .
Ich erscheine nur von Zeit zu Zeit,
Dann muß ich wieder fort in die Dunkelheit.

Frau Sonne die hat mir's angethan,
Sie zieht mich magnetisch zu sich hinan,
Doch kann mir's nie gelingen
Zu ihr mich aufzuschwingen,
Ich schmachte nach ihr nur aus luftiger Fern',
Denn leider bin ich wirklich ein excentrischer Stern.

Die Fixstern all' in bitt'rem Hohn
Betrachten mich wie einen verlorenen Sohn,
Sie sagen, ich thät' wanken
Und hin und wieder schwanken,
Und wo ich einmal des Wegs gestrichen wär',
Sei nichts als Dunst und Nebel ringsumher.

Die Planeten seh'n mich verächtlich an,
Als woll' ich sie durchkreuzen auf ihrer Bahn;
Frau Venus und ihre Schwestern
Thun boshaft mich verlästern:
„Sein Schweif ist zu groß, sein Kern ist zu klein,
Ich möchte kein so mißgestalter Nachtwandler sein!"

So hat man mir einen Leumund gemacht
Als Schwärmer und als Irrgeist, den Jeder verlacht;
Und drunten auf der Erden
Verkünden die Gelehrten:
„Es ist an ihm Nichts fest, Nichts dicht,
Und kreist er bis in Ewigkeit, solid wird er nicht."*

Selbst Humboldt, der Greis von forschender Kraft,
Behandelt mich im Kosmos sehr wenig schmeichelhaft;
Treib' ich solch' Schwindelwesen,
Daß man von mir darf lesen:
„Es füllt der Komet, viel dünner denn Schaum,
Mit allerkleinster Masse den allergrößten Raum??**

Aber warte nur, du Sternguckerneid,
Ihr kennt mich noch nicht von der innersten Seit',
Einst werd' ich Euch begegnen,
Dann sollt Ihr Euch besegnen:

---

* Burmeister, Geschichte der Schöpfung, V. Aufl. p. 139.
** Kosmos III. 559.

Dann fahrt Ihr durch mich durch, und ich schnupp'
Euch noch 'was,
Und hagl' Euch Meteorstein' in's Fernrohrglas.*

Guano.

Ich weiß eine friedliche Stelle
Im schweigenden Ocean,
Krystallhell schäumet die Welle
Zum Felsengestade hinan.
Im Hafen erblickst du kein Segel,
Keines Menschen Fußtritt am Strand;
Viel tausend reinliche Vögel
Hüten das einsame Land.

Sie sitzen in frommer Beschauung,
Kein Einz'ger versäumt seine Pflicht,
Gesegnet ist ihre Verdauung
Und flüssig als wie ein Gedicht.
Die Vögel sind all' Philosophen,
Ihr oberster Grundsatz gebeut:
Den Leib halt' allezeit offen
Und alles Andre gedeiht.

Was die Väter geräuschlos begonnen,
Die Enkel vollenden das Werk;
Geläutert von tropischen Sonnen
Schon thürmt es empor sich zum Berg.
Sie sehen im rosigsten Lichte
Die Zukunft und sprechen in Ruh':
„Wir bauen im Lauf der Geschichte
Noch den ganzen Ocean zu."

Und die Anerkennung der Besten
Fehlt ihren Bestrebungen nicht,
Denn fern im schwäbischen Westen
Der Böblinger Repsbauer spricht:
„Gott segn' Euch, ihr trefflichen Vögel,
An der fernen Guanoküst', —
Trotz meinem Landsmann, dem Hegel,
Schafft Ihr den gediegensten Mist!"

Asphalt.

Bestreuet die Häupter mit Asche,
Verhaltet die Nasen Euch bang,
Heut giebt's bei trübfließender Flasche
Einen bituminösen Gesang.

— Schwül strahlet die Sonne der Wüste,
Am todten Meere macht's warm;
Ein Derwisch spaziert an der Küste,
Eine Maid aus Engeddi am Arm.

Nicht Luftzug noch Wellenschlag kräuselt
Den zähen, bleifarbigen See,
Nur Naphtageruch kommt gesäuselt
Und dunstig umflort sich die Höh'.

'S ist eine versalzene Gegend
Und Niemand ringsum ist gerecht;
Zu Loth's Zeit hat's Schwefel geregnet
Und heut noch ist Alles verpecht.

Keine Wäscherin naht mit dem Kübel,
Kein Durstiger naht mit dem Krug
Und dem Durstigsten selber wird übel,
Wagt er aus der Flut einen Zug.

Zwei schwarzbraune Klumpen lagen
Am Ufer faulbrenzlich und schwer;
Drauf saßte mit stillem Behagen
Das Paar sich und liebte sich sehr.

Doch wehe! sie saßen auf Naphta,
Und das läßt Keinen mehr weg,
Wer harmlos sich drein setzt, der haft't da
Und steckt im gediegensten Pech.

Sie konnten sich nimmer erheben,
Sie jammerten: „Allah ist groß!
Wir kleben — wir kleben — wir kleben!
Wir kleben und kommen nicht los!"

Umsonst hat ihr Klagen und Weinen
Die schweigende Wüste durchhallt,
Sie mußten zu Mumien versteinen
Und wurden ach selbst zu Asphalt.

Ein Vögelein wollte um Hilfe
Hinüber zum Städtlein Zoar,
Betäubt fiel's herab in's Geschilfe,
Es stank, daß zu fliegen nicht war.

Und blaß, mit erschaudernden Seelen
Sah man einen Wallfahrtzug flieh'n —
Den Pilgern sowie den Kameelen
War's benzoësauer zu Sinn.

So geht's, wenn ein Derwisch will minnen
Und hat das Terrain nicht erkannt . . .
O Jüngling, fleuch eiligst von hinnen,
Wo Erdpech entquillet dem Land.

II.

Culturgeschichtlich.

Der Pfahlmann.

Dichtqualmende Nebel umfeuchten
Ein Pfahlbaugerüstwerk im See
Und fern ob der Waldwildniß leuchten
Die Alpen in ewigem Schnee.

Ein Mann sitzt auf hölzernem Stege
In Felle gehüllt, denn es zieht;
Er schnipft mit der Feuersteinsäge
Ein Hirschhorn und summelt sein Lied:

„Da seht mein verschwollen Gesichte
Und seht wie bei Durchzug und Wind
Der Ureuropäer Geschichte
Mit Rheuma und Zahnweh beginnt.

Zwar klopf' ich mit steinernen Beilen
Und Keulen mir Bahn durch die Welt,
Doch ist ein gemüthlich Verweilen
Noch täglich in Frage gestellt.

Im Wald stört das Raubthier mit Schreien
Den Schlaf im durchhöhleten Stamm,
Und bau' ich mein Hüttlein im Freien,
So stampft mir's der Urochs zusamm.

Drum lernt' ich vom biederen Biber
Und stelle als Wohnungsbehilf,
Je weiter vom Festland je lieber,
Den Pfahldamm in Seegrund und Schilf.

Auch hier muß ich Vieles noch meiden,
Was späterer Zeit einst gefällt:
Gern trüg' ich ein Schwert an der Seiten
— Es gibt weder Eisen noch Geld.

Gern zög' ich Gewinn vom Papiere
— Noch sind keine Börsen gebaut;
Gern gieng' ich des Abends zum Biere
— Es wird noch keines gebraut.

Und denk' ich der Art, wie wir kochen,
Gesteh' ich selber: 's ist arg.
Wir spalten dem Torfschwein die Knochen
Und saugen als Kraftsaft das Mark.

Wie kann sich der Geist da schon lenken
Auf höh'res Culturideal?
In all' unserm Fühlen und Denken
Steckt rammeltief Pfahl neben Pfahl."

Der Mann sang's mit heiserer Kehle,
Da schwoll mit dem Rheuma sein Grimm,
Zwei Bären beschlichen die Pfähle
Und schnupperten kletternd nach ihm.

Da schmiß er zum Pfahlküchenkehrigt
Beil, Hirschhorn und Trinkkrug von Thon,
Sprang husch! wie ein Frosch in's Geröhrigt
Und schwamm mit Fluchen davon.

*   *   *

Wo einst man die Stätte errichtet
Zum keltischen Seehüttendorf
Ruht jetzt eine Fundschicht geschichtet
Tief unter dem Seeschlamm und Torf.

Der diesen Gesang schuf zum Singen,
Hat selber den Moder durchwühlt,
Und bei den gefundenen Dingen
Einen Stolz als Culturmensch gefühlt.

Altassyrisch.

Im schwarzen Wallfisch zu Ascalon
Da trank ein Mann drei Tag,
Bis daß er steif wie ein Besenstiel
Am Marmortische lag.

Im schwarzen Wallfisch zu Ascalon
Da sprach der Wirth: „Halt' an!
Der trinkt von meinem Dattelsaft
Mehr als er zahlen kann."

Im schwarzen Wallfisch zu Ascalon
Da bracht' der Kellner Schaar
In Keilschrift auf sechs Ziegelstein
Dem Gast die Rechnung dar.

Im schwarzen Wallfisch zu Ascalon
Da sprach der Gast: „O weh!
Mein baares Geld gieng Alles drauf
Im Lamm zu Niniveh!"

Im schwarzen Wallfisch zu Ascalon
Da schlug die Uhr halb vier,
Da warf der Hausknecht aus Nubierland
Den Fremden vor die Thür.

Im schwarzen Wallfisch zu Ascalon
Wird kein Prophet geehrt,
Und wer vergnügt dort leben will,
Zahlt baar, was er verzehrt.

Hesiod.

„Laßt mein Lied mich beginnen von
Helikonischen Musen.“
Theogonie 1 u. ff.

Licht glühte des Helikon Klippe
In Mittagspurpur und Blau,
Da schlief bei dem Quell Aganippe
Ein Hirtenknabe im Thau.
Die Lämmer von Askra zu hüten
War er zum Gebirge entsandt,
Nun hatte den allzufrüh Müden
Des Helios Kraft übermannt.

Da stieg aus den sonnigen Klüften
Eine göttliche Neunzahl herab,
Der schwebende Anmuth die Hüften
Und Goldreif die Locken umgab;
Sie schritten in rhythmischem Reigen
Zum Hain, dem die Quelle entfloß,
Und stellten in heiligem Schweigen
Dem Träumer Geschenke in's Moos.

Die Erste von Erz eine Feder,
Die Zweite für Tinte ein Faß,
Die Dritte ein Zwickbuch in Leder,
Die Viert' ein geschliffenes Glas.
Die Fünft' einen Siegellackbarren,
Die Sechst' eine goldene Brill',
Die Siebte ein Kistlein Cigarren,
Die Acht' einen Strauß Asphodill.

Die Neunte, die beugte sich nieder
Und küßte die Lippen ihm zart,
Dann schwanden in Wolken sie wieder,
Als Wesen von höherer Art.
Der Schlummerer sprang von der Erde
Und sang wie von Geistern gepackt
Und schwang mit verzückter Geberde
Einen Lorbeerbengel im Takt.

Da liefen die Mithirtenknaben
Zusammen und priesen sein Glück
Und führten ihn sammt seinen Gaben
Nach Askra im Festzug zurück.
Und alle askräischen Männer
Beriethen die Sache im Rath,
Bis daß der Nomarchos als Kenner
Böotiens den Urtheilspruch that:

„Bei Dem ist's mit Weidung der Heerden
Und Schaafzucht für immer vorbei,
Er muß ein Unsterblicher werden
Mit Dichtkunst und Schriftstellerei!"
... Sie kauften ihm lange Gewänder
Und weihten ihn ganz seinem Gott,
Da verfaßte den Bauernkalender
Und die Theogonie — Hesiod.

Uebung im Neugriechischen.

Πλοῦτον δὲν θέλω
Δόξαν δὲν θέλω
Οὔτ' ἐξουσίαν
Ποτὲ καμμίαν.

Δὲν θέλω γνῶσιν
Οὔτε κἂν τόσην
Ὅσ' εἶν τοῦ φύλλου
Κὶ ὅσ' εἶν τοῦ ξύλου

Τούτες ἡ κρύες
Ἡ φαντασίες
Ὅσῳ εὐφραίνουν
Τόσῳ πικραίνουν.

Θέλω εἰρήνην
Ψυχῆς γαλήνην
Χορούς, ἐρώτων
Τρέλαις καὶ κρότον.

Θέλω τραγούδια,
Κήπους, λουλούδια
Καὶ Χωρατάδαις
'Σ ταῖς πρασινάδαις.

Τοῦτα λατρεύω
Τοῦτα ζηλεύω,
Κ' εἰς τοῦτ' ἀπάνω
Θέλ' 'νὰ ποθάνω.

Athanasios Christopoulos.

* * *

Reichthum und Ehre
Nimmer ich 'gehre,
Herrschaft und Würde
Wär' mir nur Bürde.

Bin selbst um Wissen
Mehr nicht beflissen,
Als in dem Wald draus
Käfer und Grasmaus.

All jene kalten
Schwindelgestalten,
Statt zu erquicken
Plagen und drücken.

Mir sei beschieden
Himmlischer Frieden,
Sturmfreies Herze,
Narrheit und Scherze.

Minnigen Singsang,
Ballspiel und Klingklang,
Flöten und Geigen,
Wirbelnde Reigen:

Solche verehr' ich,
Solche begehr' ich;
Rosen im Haare
Schreit' ich zur Bahre.

Pumpus von Perusia.

Feucht hieng die Sonne. Des Novembers Schauer gieng
Mit leisem Frösteln durch das Land Hetruria.
Ein mildes Kopfweh, erst der jüngsten Nacht entstammt,
Durchsäuselte die Luft mit mattem Flügelschlag
Und ein Gefühl von Armuth lag auf Berg und Thal.
Der heilige Oelbaum, dem das letzte gelbe Blatt
Der Wind verweht, reckt traurig seine Aeste aus,
So kahl und öd, als fehl' ihm das Nothwendigste.
Verdächtig selbst das Straßenpflaster. Blödem Aug'
Schien des Basaltes urgebirgig fester Stoff
Verwandelt heut in sehr poröses Tropfgestein,
Und Alles — Alles — Alles sah durchlöchert aus.

So war der Tag, da in der ersten Frühestund
Ein müder Held aus Populonia's Thoren zog.
Vergeblich warf von dem kyklopischen Mauerwall
Der Wächter einen trinkgeldhoffnungvollen Blick,
Er hielt ihn aus — und schaute starr — und gab
                              ihm Nichts.

Dort wo der Weg sich einbiegt gegen Suessulae
Und eines Priesters kegelthurmgeziertes Grab
Trübtraurig seinen Schatten wirft in's Blachgefild,
Dort hielt er still — und stieß den Speer in's Ried-
        gras ein
Und suchte lang in seiner Chlamys Faltenwurf,
Und suchte wieder — suchte auch zum drittenmal
Und fand nicht, was er suchte . . .

      O wer kennt den Schmerz,
Der auf sich bäumt im biederen Etruskerherz,
Wenn Alles — Alles — Alles auf die Neige gieng,
Und nur der Graus des Leeren in der Tasche wohnt,
Wo der Sesterz sonst fröhlich beim Denar erklang! . . .

Den Helm abnehmend von dem schwerbedrückten Haupt,
Fuhr mit der Rechten langsam er zur Stirn empor.
Gen Populonia rückwärts flog sein feuchter Blick
Und blaue Blitze leuchteten im Heldenaug'.

„O Wirthshaus zur Chimära!" sprach er wehmutvoll,
„Ist das das Ende? Winkte das der Vögelflug,
Der vor drei Tagen krächzend mir zur Linken strich?
Sprach das des Stieres räthselvolles Eingeweid'?
O Wirthshaus zur Chimära! was ist lieblicher
Als einzuziehn, ein Gastfreund, in dein Gastgemach?
Verständig waltet dort ein vielgeübter Wirth,
Und edle Helden sitzen um den kühlen Trank,
Den von dem Berg herabgesendet Dimeros.

Weisheit entströmt bedachtsam zechender Männer Mund,
Zumal an jenem obern, linnenweißen Tisch,
Wo Tegulinums Augur, später Mitternacht
Trotz bietend, ausharrt, einer ehernen Säule gleich,
Und sternenkundig vorsingt in dem Rundgesang.
O Wirthshaus zur Chimära! doch sag' an, wohin,
Wohin verschwindet . . . . . ha! was spricht mein Mund
es aus,
Das dreimal gottverfluchte Wort, von dem allein
Des Tuskers Schicksal abhängt, ha, das baare Geld?!
O Fufluns, Fufluns! unheilvoller Bacchus du!
's ist alles fort und hin und hin und fort . . . . . hahumm!

. . . Doch eine That, ich schwör's, sei itzt von mir
gethan,
Wie sie die blöde Welt sich nicht im Traume träumt,
Gräßlich und kalt . . . mein Name soll zur Nachwelt noch
Durch diese That sich überpflanzen, schreckenvoll;
So wahr ich hier an diesem Priestergrabe steh',
Ich — Pumpus von Perusia, der Etruskerfürst . . ."

Er sprach's und gieng. Unheimlich fiel ein Sonnen-
strahl
Auf Speer und Helm. Fahl leuchtet's im Cypressen-
wald,
Dumpf braust ein Windstoß, grabtief, fernem Seufzen
gleich.

Die Welt war damals harmlos noch. Man kannte nicht
Des bürgerlichen Rechtes vielverschlung'nen Pfad,
Und selbst der Greis im Silberbart, er wußte nicht
Die Antwort auf die Frage, was ein Darleh'n sei.
Doch jenen Tages ward im Wald bei Suessulae
Zum erstenmal, seit daß die Welt geschaffen stand,
Ein Held von einem andern Helden — angepumpt!
Das ist der Sang vom Pumpus von Perusia.

Die Teutoburger Schlacht.

Als die Römer frech geworden,
Zogen sie nach Deutschlands Norden,
Vorne beim Trompetenschall
Ritt der Generalfeldmarschall,
Herr Quinctilius Varus.

Doch im Teutoburger Walde
Huh, wie pfiff der Wind so kalte;
Raben flogen durch die Luft
Und es war ein Moderduft
Wie von Blut und Leichen.

Plötzlich aus des Waldes Duster
Brachen krampfhaft die Cherusker;
Mit Gott für Fürst und Vaterland
Stürmten sie von Wuth entbrannt
Gegen die Legionen.

Weh! das ward ein großes Morden.
Sie erschlugen die Cohorten;
Nur die römische Reiterei
Rettete sich noch in's Frei',
Denn sie war zu Pferde.

O Quinctili! armer Feldherr!
Dachtest Du, daß so die Welt wär?
Er gerieth in einen Sumpf,
Verlor zwei Stiefel und einen Strumpf
Und blieb elend stecken.

Da sprach er voll Aergernussen
Zum Centurio Titiussen:
„Kamerade, zeuch dein Schwert hervor
Und von hinten mich durchbohr,
Da doch Alles futsch ist."

In dem armen römischen Heere
Diente auch als Volontaire
Scävola, ein Rechtscandidat,
Den man schnöd gefangen hat,
Wie die Andern Alle.

Diesem ist es schlimm ergangen;
Eh daß man ihn aufgehangen
Stach man ihn durch Zung' und Herz,
Nagelte ihn hinterwärts
Auf sein Corpus Juris.

Als die Waldschlacht war zu Ende,
Rieb Fürst Hermann sich die Hände
Und um seinen Sieg zu weih'n
Lud er die Cherusker ein
Zu 'nem großen Frühstück.

Nur in Rom war man nicht heiter,
Sondern kaufte Trauerkleider.
G'rade als beim Mittagmahl
Augustus saß im Kaisersaal,
Kam die Trauerbotschaft.

Erst blieb ihm vor jähem Schrecken
Ein Stück Pfau im Halse stecken,
Dann gerieth er außer sich
Und schrie: „Varus, Fluch auf Dich!
Redde Legiones!"

Sein deutscher Sclave, Schmidt geheißen,
Dacht': „Ihn soll das Mäusle beißen,
Wenn er sie je wieder kriegt,
Denn wer einmal todt da liegt,
Wird nicht mehr lebendig."

Und zu Ehren der Geschichten
That ein Denkmal man errichten,
Deutschlands Kraft und Einigkeit
Verkündet es jetzt weit und breit
„Mögen sie nur kommen!"

Am Grenzwall.

Ein Römer stand in finstrer Nacht
Am deutschen Grenzwall Posten,
Fern vom Castell war seine Wacht,
Das Antlitz gegen Osten . . .
Da regt sich feindlich 'was am Fluß,
Da schleicht und hallt 'was leise . . .
Kein Pacan von Horazius,
Ganz wildfremd war die Weise:
„Ha' . . hamm' . . hammer Dich emol, emol, emol
An Dei'm verrissene' Camisol,
Du schlechter Kerl!"

An eine Jungfrau Chattenstamms
Hatt' er sein Herz vertandelt
Und war ihr oft im Lederwamms
Als Kaufmann zugewandelt.

Jetzt kam die Rache . . . eins, zwei, drei!
Jetzt war der Damm erklettert . . .
Jetzt kam's wie wilder Katzen Schrei
Und Keulenschlag geschmettert:
„Ha' .. hamm' .. hammer Dich emol, emol, emol
An Dei'm verrissene' Camisol,
Du schlechter Kerl!"

Er zog sein Schwert, er blies sein Horn,
Focht als geschulter Krieger,
Fruchtlos war Muth und Römerzorn,
Die Wilden blieben Sieger.
Sie banden ihn und trugen ihn
Wie einen Sack von dannen;
Als die Cohort' am Platz erschien,
Scholl's fern schon durch die Tannen:
„Ha' .. hamm' .. hammer Dich emol, emol, emol
An Dei'm verrissene' Camisol,
Du schlechter Kerl!"

Versammelt war im heiligen Hain
Der Chatten Landsgemeinde,
Ihr Odinsjulfest einzuweih'n
Mit Opferblut vom Feinde.
Der fühlt' sich schon als Bratenschmor
In der Barbaren Zähnen,
Da sprang sein blonder Schatz hervor
Und rief mit heißen Thränen:

„Ha'.. hamm'.. hammer Dich emol, emol, emol
An Dei'm verrissene' Camisol,
Du schlechter Kerl!"

Und alles Volk sprach tiefgerührt
Ob solcher Wiederfindung:
„Man geb' ihn frei und losgeschnürt
Der Freundin zur Verbindung!
Nimmt sie ihn hier vom Fleck als Frau,
Sei alle Schuld verziehen."
Und heut noch wird im ganzen Gau
Als Festbardit geschrieen:
„Ha'.. hamm'.. hammer Dich emol, emol, emol
An Dei'm verrissene' Camisol,
Du schlechter Kerl!"

———•◦•———

Das Hildebrandlied.

. . Hiltibraht enti Hadhubrant.

—

Hildebrand und sein Sohn Hadubrand,
    Hadubrand,
Ritten selbander in Wuth entbrannt,
    Wuth entbrannt
Gegen die Seestadt Venedig.

Hildebrand und sein Sohn Hadubrand,
    Hadubrand,
Keiner die Seestadt Venedig fand,
    Venedig fand,
Da schimpften die beiden unfläthig.

Hildebrand und sein Sohn Hadubrand,
    Hadubrand,
Ritten bis da wo ein Wirthshaus stand,
    Wirthshaus stand,
Wirthshaus mit kühlen Bieren.

Hildebrand und sein Sohn Hadubrand,
     Hadubrand,
Trunken sich beid' einen Riesenbrand,
     Riesenbrand,
Krochen heim auf allen Vieren.

Lied fahrender Schüler.

O liberales clerici
nû merchet rehte wi dem sî.
Date: vobis dabitur
ir sült lân offen iwer tür
Vagis et egentibus
so gewinnet ihr daz himmelhûs
et in perenni gaudio
alsus alsô, alsus alsô!

Pfarrherr, du kühler, öffne dein Thor,
Fahrende Schüler stehen davor.
Fahrende Schüler, unstete Kind,
Singer und Spieler, wirbliger Wind.
Eisern die Kehlen, Mägen von Erz,
Goldklare Seelen . . . doch Keiner begehrt's.
Kleidung ist dünne, Spreitung ist roh,
Ach und die Minne? . . im Heu und auf Stroh.

Pfarrrherrr, du kühler, öffne dein Thor,
Fahrende Schüler stehen davor.
Franken und Schwaben kennen uns gut,
Lüftige Knaben, fräßige Brut.

Müssen uns nähren, Gotteserbarm,
Gleich dem verheerenden Heuschreckenschwarm.
Was wir durchstrichen, Bergflur und Thal,
Alles verblichen, abgegrast kahl!

Pfarrrrherrrr, du kühler, öffne dein Thor,
Fahrende Schüler stehen davor!
Sparst du den Habersack, knaus'riger Kropf,
Packen zum Schabernack wir dich am Kopf,
Ziehen die Hosen, den Kuttrock dir aus,
Hängen die losen vor's Fenster als Strauß.
Wer um den süßen Labtrunk uns klemmt,
Der muß uns büßen in Strümpfen und Hemd.

Pfarrherr, du kühler, öffne den Thurm,
Fahrende Schüler rüsten zum Sturm!
    Ho, ho, heiadihoh!
    Avoy, avoy, alez avanz!
    Alsûs alsô, alsûs alsô!
    Ho, ho, heiadihoh, hoh, ho, ho!

Wanderlied.

Wohlauf, die Luft geht frisch und rein,
Wer lange sitzt, muß rosten;
Den allersonnigsten Sonnenschein
Läßt uns der Himmel kosten.
Jetzt reicht mir Stab und Ordenskleid
Der fahrenden Scholaren,
Ich will zu guter Sommerzeit
In's Land der Franken fahren!

Der Wald steht grün, die Jagd geht gut,
Schwer ist das Korn gerathen;
Sie können auf des Maines Flut
Die Schiffe kaum verladen.
Bald hebt sich auch das Herbsten an,
Die Kelter harrt des Weines;
Der Winzer Schutzherr Kilian
Bescheert uns etwas Feines.

Wallfahrer ziehen durch das Thal
Mit fliegenden Standarten,
Hell grüßt ihr doppelter Choral
Den weiten Gottesgarten.
Wie gerne wär' ich mitgewallt,
Ihr Pfarr' wollt mich nicht haben!
So muß ich seitwärts durch den Wald
Als räudig Schäflein traben.

Zum heiligen Veit von Staffelstein
Komm ich emporgestiegen
Und seh' die Lande um den Main
Zu meinen Füßen liegen:
Von Bamberg bis zum Grabfeldgau
Umrahmen Berg und Hügel
Die breite, stromdurchglänzte Au —
Ich wollt', mir wüchsen Flügel.

Einsiedelmann ist nicht zu Haus,
Dieweil es Zeit zu mähen;
Ich seh' ihn an der Halde draus
Bei einer Schnitt'rin stehen.
Verfahr'ner Schüler Stoßgebet
Heißt: Herr, gib uns zu trinken!
Doch wer bei schöner Schnitt'rin steht,
Dem mag man lange winken.

Einsiedel, das war mißgethan,
Daß du dich hub'st von hinnen!
Es liegt, ich seh's dem Keller an,
Ein guter Jahrgang drinnen.
Hoiho! die Pforten brech' ich ein
Und trinke was ich finde . . .
Du heiliger Veit von Staffelstein,
Verzeih mir Durst und Sünde!

Des Klosterkellermeisters Sommer=
morgenklaggesang.

Hu weh! mir ist des Tages bang!
Tret' ich hinaus in den schweigenden Bergwald,
Den kaum das erste Frühlicht erhellet,
Wehe! noch lagert die Hitze von gestern
Ueber versengtem Moos und Gesträuch,
Und schon umschwirrt mich ein Bremsengesumm,
Stechend und frech,
Als ob die Sonne im Mittag ersprühte;
Klaffende Sprünge spalten das Erdreich,
Gras dürrt zu Heu, bevor es gemäht ist,
Und in der Luft schwebt
S t a u b . . .

Hu weh! mir ist des Tages bang!
Such' ich beim Stamme der riesigen Buche
Kühlung auf gröblich behauenem Steinsitz,
Wo um achteckige Platte des Tisches
Fröhlicher Waldrast die Brüder oft pflegen:

Weh! auch der Stein speit glühende Hitze,
Duldet mich nicht.
Häher und Spechte und Drosseln, sie lachen,
Daß ich, kaum niedergelassen, so jählings
Auf und davon sprang.
Verschlafene Heuschrecken sitzen am Wege,
Rühren sich nicht,
Faul . . .

Hu weh! mir ist des Tages bang!
Das sind die Zeiten, wo Thier und Menschheit
Glühheiß schmachten, gleich Eisen im Schmiedherd;
Träufst du auch Tropfen und Fluten d'rauf nieder,
Saugt es sie gierig, doch löscht es nicht.
Weh! kaum läutet das Frühmorgenglöcklein
Und schon zwingt mich allmächtige Sehnsucht,
Eiligst zum Klosterkeller zu wandeln . . .
Ob ich dort harre in trinkender Arbeit,
Bis sich die Nacht neigt,
Oder ein läuternd Gewitter am Himmel
Diese unendliche Schwüle zerbricht? . . .
Weiß nicht . . .
Aber mein Durst ist
Sehr groß . . .
Hu weh! mir ist des Tages bang!

Die Maulbronner Fuge.

— — „Wem das Kloster Maulbrunn bekandt, der hats können mit seinen Augen sehen, wie in dem Vorhoff selbiger schönen erbauten Kirchen oben im Schwibbogen unter anderen Gemälden auch eine Gans abgemalt steht, an welcher eine Fläsch, Bratwürst, Bratspiß und dergleichen hangen, neben einer zur nassen Andacht gar wohl componirten Fuga folgenden Tenors mit ihrem unterlegten Text, gleichwohl nur den initialibus literis A. V. K. L. W. H.

A. V. K. L. W. H.

All Voll, Keiner Leer, Wein Her,

welches villeicht dieser durstigen Münch und Religiosen Commentarius gewest, über das Hohelied Salomonis: Comedite amici et bibite et inebriamini charissimi &c. &c."

Tob. Wagner, Evangel. Censur der Besoldischen Motiven ꝛc. Tübingen 1640, p. 652.

Die Maulbronner Fuge.

— -

Im Winterrefectorium
Zu Maulbronn in dem Kloster
Da geht 'was um den Tisch herum,
Klingt nicht wie Paternoster:
Die Martinsgans hat wohlgethan,
Eilfinger blinkt im Kruge,
Nun hebt die nasse Andacht an
Und Alles singt die Fuge:

A. V. K. L. W. H.
Complete pocula!

Der Abt Johannes Entenfuß
Kam unwirsch hergewatschelt:
„Was wird so spät als Festtagschluß
Bei Geigenschall gefratschelt?
Laßt ab, Ihr stört den Doctor Faust
Im Gartenthurm dahinten:

Wenn solch ein Singsang zu ihm braust,
Kann er kein Gold nicht finden:

> A. V. K. L. W. H.
> Cavete scandala!"

Derweilen bracht' der Zellerar,
Herr Godefrit von Niefern,
Den Sanct Martinuszuspitz dar
Vom Keller mit den Küfern.
Der rief: „Herr Abbas, was Ihr sagt,
Soll man in Züchten ehren,
Doch wenn kein andrer Schmerz Euch plagt,
So mögt Ihr uns nicht wehren:

> A. V. K. L. W. H.
> Der Faust sitzt selbst schon da!"

Der Faust saß rückwärts an der Wand
Und trank vergnügt im Dunkeln,
Nun ließ der blasse Nekromant
Sein Glas am Licht carfunkeln
Und sprach: „Ich brüt' schon Tag und Jahr
Am schwarzen Zauberbuche
Und merk' erst heut, ich bin ein Narr,
Daß ich das Gold dort suche:

> A. V. K. L. W. H.
> Das ächte Gold ist da!"

„Mit Hermes Trismegistos List
Wird keins erlaboriret,
Die Sonne ist der Alchymist,
Der's flüssig destilliret:
Wenn's durch die Adern glüht und rollt
Mit des Elfingers Wonnen,
Dann habt Ihr Gold, habt ächtes Gold
Und ehrlich selbst gewonnen.

A. V. K. L. W. H.

Haec vera practica!"

Da lacht der Abt: „Mit solcher Lehr
Zwingt Ihr auch Mich zum Kruge,
Denn All Voll, Keiner Leer, Wein Her
Ist eine feuchte Fuge.
Als Fausti Goldspruch laß ich sie
Jetzt in den Kreuzgang malen,
Man kennt die ganze Melodie
Schon an den Initialen:

A. V. K. L. W. H.

Sit vino gloria!"

— ◆ — ·

Der Enderle von Ketsch.

In der Beschreibung der Pfalz von Merian (1645) wird bei Erwähnung des Dorfes Ketsch erzählt:

„Pfalzgraf Otto Heinrich, nachmals Kurfürst, fuhr umb das Jahr 1530 ins gelobte Land nach Jerusalem. In seiner zurük Reyse kam er über die Offenbahre See herauß, da jhme dann ein Schiff, nach Nordwegen zu, begegnete, darinn diß Geschrei gehört wurde:

„Weichet, weichet, der dick Enderlein von Ketsch kompt!"

„Der Pfalzgraf, und sein Kammermeister Mückenhäuser, kennten den gottlosen Schuldtheiß allhie zu Ketsch unnd auch den Orth wol. Daher als heimbkamen sie nach dem dicken Enderle, und umb die Zeit seines todts, gefragt und vermerkt haben, daß es mit der Zeit uberein gestimmt, da sie das Geschrey auf dem Meer gehört hatten; wie Weyland ein Professor zu Heidelberg in seinen Schrifften auffgezeichneten hinterlassen hat."

———◆———

Der Enderle von Ketsch.

Chorus:

Jetzt weicht, jetzt flieht! Jetzt weicht, jetzt flieht
Mit Zittern und Zähnegefletsch:
Jetzt weicht, jetzt flieht! Wir singen das Lied
Vom Enderle von Ketsch!

Solo:

Ott' Heinrich, der Pfalzgraf bei Rheine,
Der sprach eines Morgens: „Kem blemm!
Ich pfeif' auf die saueren Weine
Ich geh' nach Jerusalem!

„Viel schöner und lilienweißer
Schau'n dort die Jungfrauen drein:
O Kanzler, o Mückenhäuser,
Fünftausend Ducaten pack' ein!"

Und als sie lagen vor Joppen,
Da faltet der Kanzler die Händ:
„Jetzt langt's noch zu einem Schoppen,
Dann sind die Ducaten zu End!"

Ott' Heinrich der Pfalzgraf sprach munter:
„Nem blemm! Was ficht uns das an?
Wir fahren nach Cyprus hinunter
Und pumpen die Königin an."

... Schon tanzte die alte Galeere
Vor Cyprus in funkelnder Nacht,
Da hub sich ein Sturm auf dem Meere
Und rollender Donner erkracht.

Umzuckt von gespenstigem Glaste
Ein schwarzes Schiff braust vorbei,
Hemdärmlich ein Geist steht am Maste
Und furchtbar gellet sein Schrei:

Chorus:

„Jetzt weicht, jetzt flieht! Jetzt weicht, jetzt flieht
Mit Zittern und Zähnegefletsch:
Jetzt weicht, jetzt flieht! im Sturm herzieht
Der Enderle von Ketsch!"

Solo:

Der Donner klang leise und leiser
Und glatt wie Oel lag die See,
Dem tapferen Mückenhäuser,
Dem Kanzler, war's wind und weh.

Der Pfalzgraf stund an dem Steuer
Und schaut in die Wogen hinaus:
„Rem blemm! 's ist nimmer geheuer,
O Cyprus, wir müssen nach Haus!

„Gott sei meiner Seele gnädig,
Ich bin ein gewitzigter Mann:
Zurück, zurück nach Venedig!
Wir pumpen Niemand mehr an.

„Und wer bei den Türken und Heiden
Sein Geld wie ich verschlampampt,
Der verzieh sich geräuschlos bei Zeiten,
Es klingt doch höllenverdammt:

Chorus:

„Jetzt weicht, jetzt flieht! Jetzt weicht, jetzt flieht
Mit Zittern und Zähnegefletsch:
Jetzt weicht, jetzt flieht! Im Sturm herzieht
Der Enderle von Ketsch!"

III.

Die Lieder vom Rodenstein.

Die drei Dörfer.

I.

Wer reit't mit zwanzig Knappen ein
Zu Heidelberg im Hirschen?
Das ist der Herr von Rodenstein,
Auf Rheinwein will er pirschen.

„Hollaheh! den Hahn ins Faß! schenkt ein,
Ich fürcht', die Kehlen rosten!
Wir wöll'n ein Jahr lang lustig sein,
Und sollt's ein Dorf auch kosten!

„Ein Dorf, was ist's?.. Nur Mist und Rauch,
Ich hab' ja ihrer dreie ...
Gersprenz und Pfaffenbeerfurt auch
Und Reichelsheim, das treue."

Trommeten klangen mit Schalmei'n
Und Pauken um die Wette,
Zwölf Monden saß der Rodenstein
Beim fürstlichen Bankette.

Und als er sich nach Jahr und Tag
Die Rechnung hergewunken,
Da sprach er: „Blitz und Donnerschlag!
Jetzt ist Gersprenz vertrunken!
  Gersprenz ist hin!
  Gersprenz ist fort!
  Gersprenz der fromme, der züchtige Ort,
  Gersprenz .. ist .. veritrunken!

„Hollaheh! doch wie man's treibt, so geht's!
Was liegt an dem Verlurste?
Man spricht vom vielen Trinken stets,
Doch nie vom vielen Durste.
  Gersprenz ist hin!
  Gersprenz ist fort!
  Gersprenz der fromme, der züchtige Ort,
  Gersprenz .. ist .. veritrunken!“

II.

Wer reit't mit sieben Knappen ein
Zu Heidelberg im Hirschen?
Das ist der Herr von Rodenstein,
Auf Rheinwein will er pirschen.

„Hollaheh! den Hahn ins Faß! schenkt ein,
Ich fürcht', die Kehlen rosten!
Wir wöll'n ein halb Jahr lustig sein
Und sollt's ein Dorf auch kosten.

„Ein Dorf, was ist's? . . Ein rußig Loch,
Und ich hab' ihrer zwei,
Ich hab' ja Pfaffenbeerfurt noch
Und Reichelsheim, das treue."

Trommeten klangen mit Schalmei'n,
Die Pauken thäten schweigen . . .
Sechs Monden saß der Rodenstein
Beim süßen Rheinweinreigen.

Und als nach halber Jahresfrist
Der Rechnung er gewunken,
Da sprach er: „Hollaheh! jetzt ist
Auch Reichelsheim vertrunken!
  Reichelsheim ist hin!
  Reichelsheim ist fort!
  Reichelsheim der treue, schnapsbrennende Ort,
  Reichelsheim .. ist .. vertrunken!

„Hollaheh! doch wie man's treibt, so geht's!
Was liegt an dem Verlurste?
Man spricht vom vielen Trinken stets,
Doch nie vom vielen Durste.
  Reichelsheim ist hin!
  Reichelsheim ist fort!
  Reichelsheim der treue, schnapsbrennende Ort,
  Reichelsheim .. ist .. vertrunken!"

III.

Wer wankt zu Fuße ganz allein
Gen Heidelberg zum Hirschen?
Das ist der Herr von Rodenstein,
Vorbei ist's mit dem Pirschen.

„Herr Wirth, ein Kännlein dünnes Bier
Und einen Harung im Salze!
Ich hab' vom vielen Malvasier
Das Zipperlein am Halse.

„Der schönste, größte Durst der Pfalz
Muß früh in Ruhstand sinken;
Das letzte Dorf des Odenwalds
Kann ich nicht mehr vertrinken.

„Einen Notary ruft herein,
Der schreib' die Testamenten:
Pfaffenbeerfurt soll der Hochschul' sein,
Mein Durst den Herrn Studenten!

„Stets bin ich alter Mann gerührt,
Seh ich die wackern Jungen,
Und schlucken sie wie ich, so wird
Dereinstmals doch gesungen:
   Pfaffenbeerfurt ist hin!
   Pfaffenbeerfurt ist fort!
   Pfaffenbeerfurt, die duftige Mistfinkenhöhl',
   Pfaffenbeerfurt, des Odenwalds Kronjuwel,
   Pfaffenbeerfurt . . ist . . veritrunken!

„Hollaheh! doch wie man's treibt, so geht's!
Was liegt an dem Verlurste?
Man spricht vom vielen Trinken stets,
Doch nie vom vielen Durste.
   Pfaffenbeerfurt ist hin!
   Pfaffenbeerfurt ist fort!
   Pfaffenbeerfurt, die duftige Mistfinkenhöhl',
   Pfaffenbeerfurt, des Odenwalds Kronjuwel,
   Pfaffenbeerfurt . . ist . . veritrunken!"

Der Willekumm.

Und als der Herr von Rodenstein
Zum Frankenstein sich wandte,
Empfieng er seinen Ehrenwein,
So wie es Brauch im Lande.
In Beerbach vor dem Rathhaus bracht'
Der Zentgraf mit den Bauern
Den Kauzenkrug. Der Alte lacht':
„Nur her mit Euerm Sauern!
    Ihr Mannen, macht das Armbein krumm,
    Der Willekumm gaht um, gaht um,
    Holliro, das Bauernkäuzlein
    Gaht um, gaht um!"

Als er von dort sich durchgezerrt
Zur Frankensteiner Linde,
Stand Weg und Durchpaß dicht gesperrt
Vom jungen Burggesinde:

Ein Reiterstiefel lebensgroß
Von Thon, ein fein bemalter,
Ward ihm gefüllt credenzt auf's Roß
Und alles sang den Psalter:
    „Ihr Mannen, macht das Armbein krumm,
    Der Willekumm gaht um, gaht um,
    Holliro, der große Stiefel
    Gaht um, gaht um!"

Im Burghof grüßt' ein zweiter Schwarm
Ihn mit Karthaunenzündung,
Da schwang der Burgherr selbst in Arm
Des zweiten Stiefels Ründung.
Des Schloßbergs Feinsten goß man ein
Und würdig sprach der Ritter:
„Herr Nachbar, nit auf einem Bein!
Der hier schmeckt auch nicht bitter.
    Ihr Mannen, macht das Armbein krumm,
    Der Willekumm gaht um, gaht um,
    Holliro, der große Stiefel
    Gaht um, gaht um!"

Der Rodenstein trank aus und rief:
„Gott segne Deine Nase!
Die meine bog sich beinah schief
Von solchem Strom im Glase.

Jetzt wöll'n wir in dem Rittersaal
Ausruhn vom ersten Tosen;
Mir ahnt, dort füllt Dein Ehgemahl
Das Trinkhorn Carls des Großen.
    Und nochmals heißt's: das Armbein krumm,
    Der Willekumm gaht um, gaht um,
    Holliro, des Kaisers Hörnlein
    Gaht um, gaht um!"

. . . Beim Abschied andern Morgens war
Ein Nebel weit und breite,
Da bracht' man ihm das Stammbuch dar
Zum Eintrag, eh' er scheide.
Und zittrig schrieb er: „Kund soll sein,
Daß ich hie eingeritten
Und lob' das Haus zum Frankenstein
Als Haus von guten Sitten:
    Der Willkumm hat mir so gemund't,
    Daß ich das Bett nicht finden kunnt',
    Holliro, nicht nur der Stiefel,
    's gieng alles um!"

Die Pfändung.

—

Und wieder saß beim Weine
Im Waldhorn ob der Bruck
Der Herr vom Rodensteine
Mit schwerem Schluck und Gluck.

Der Wirth sprach tief in Trauer:
„Daß Gott sich mein erbarm'!
Der sitzt wie eine Mauer
Und trinkt mich nächstens arm.

„Wie soll das All' noch enden?
Kein Pfenning gibt er her . . .
Ich glaub' ich laß' ihn pfänden,
Sonst weicht er mir nicht mehr!"

Der Frohnvogt sammt dem Büttel
Kam handfest an im Horn:
„Heraus den Sammetkittel,
Die Stiefel und die Sporn.

„Heraus des Mantels Zierde,
Handschuh und Zobelhut!
Verfallen diesem Wirthe
Ist all Eu'r Hab und Gut!"

Da lacht der Rodensteiner:
„Nur zu! .. wie wird mir wohl!
's trinkt leichter sich · und feiner
Im Untercamisol!

„Und bis Ihr mir die Kehlen
Könnt pfänden aus dem Hals,
Werd' ich noch manchen quälen,
Der Wein schenkt in Kurpfalz!"

Der Knapp.

—

Der Herr vom Rodensteine
Sprach fiebrig und schabab:
„Ungern duld' ich alleine,
Wo steckt mein treuer Knapp?

„Ich spür' in Haupt und Magen
Ein Stechen und Geschlapp . . .
Diesmal geht mir's an Kragen,
Wo steckt mein treuer Knapp?"

Der Reitersjungen viere
Durchsuchten Weg und Steg:
Der Knapp saß fest beim Biere,
Juhei! im Bremeneck.

Er trank und sprach mit Trauern:
„Du braver Rodenstein!
Allein ich muß bedauern,
Ich kann nicht bei Dir sein!

„Ist Dir 'was zugestoßen —
Auch ich hab 'was erlebt:
Ich bin mit Rock und Hosen
Hier völlig festgeklebt."

Die Jungen meld'ten traurig
Dem Kranken, was gescheh'n,
Da sprach er fieberschaurig:
„O Knapp, das ist nicht schön!

„Lässest Du Dein'n Herren schwitzen
In solcher Noth und Plag,
So sollt Du übersitzen
Bis an den jüngsten Tag!"

Er sprach's und starb im Fieber,
Sein letztes Wort traf zu,
Der Knapp sitzt heut noch über,
Es läßt ihm keine Ruh.

Und Nachts wie Sturmgewitter
Jagt's oft Straß auf, Straß ab,
Das ist der alte Ritter,
Er ruft: „Wo steckt mein Knapp?!"

❈

Das wilde Heer.

Das war der Herr von Rodenstein,
Der sprach: „Daß Gott mir helf,
Gibt's nirgend mehr 'nen Tropfen Wein
Des Nachts um halber Zwölf?
'Raus da! 'raus aus dem Haus da!
Herr Wirth, daß Gott mir helf,
Gibt's nirgend mehr 'nen Tropfen Wein
Des Nachts um halber Zwölf?"

Er ritt landauf, landab im Trab,
Kein Wirth ließ ihn ins Haus;
Todtkrank noch senfzt vom Gaul herab
Er in die Nacht hinaus:
„'Raus da! 'raus aus dem Haus da!
Herr Wirth, daß Gott mir helf,
Gibt's nirgend mehr 'nen Tropfen Wein
Des Nachts um halber Zwölf?"

Und als mit Spieß und Jägersrock
Sie ihn zu Grab gethan,
Hub selbst die alte Lumpenglock
Betrübt zu läuten an:
„’Raus da! ’raus aus dem Haus da!
Herr Wirth, daß Gott mir helf!
Gibt’s nirgend mehr ’nen Tropfen Wein
Des Nachts um halber Zwölf?“

Doch wenn der letzte Schoppen fehlt,
Den duld’t kein Erdreich nicht;
Drum tobt er jetzt, vom Durst gequält,
Als Geist umher und spricht:
„’Raus da! ’raus aus dem Haus da!
Herr Wirth, daß Gott mir helf!
Gibt’s nirgend mehr ’nen Tropfen Wein
Des Nachts um halber Zwölf?“

Und alles, was im Odenwald
Sein’ Durst noch nicht gestillt,
Das folgt ihm bald, das schallt und knallt,
Das klafft und stampft und brüllt:
„’Raus da! ’raus aus dem Haus da!
Herr Wirth, daß Gott mir helf,
Gibt’s nirgend mehr ’nen Tropfen Wein
Des Nachts um halber Zwölf?“

... Dies Lied singt man, wenn's auch verdrießt,
Gestrengem Wirth zur Lehr';
Wer zu genau die Herberg schließt,
Den straft das wilde Heer:
„'Raus da! 'raus aus dem Haus da!
Rumdiridi, Freijagd!
Hoidirido, Freinacht!
Hausknecht hervor!
Oeffne das Thor!
'Raus! 'raus! 'raus!"

Der Ueberfall.

—

Und wieder sprach der Rodenstein:
„Halloh, mein wildes Heer!
In Tiefschluckhausen fall' ich ein
Und trink den Pfarrer leer.
'Raus da! 'raus aus dem Haus da!
Herr Pfarr, daß Gott Euch helf!
Gibt's nirgend mehr 'nen Tropfen Wein
Des Nachts um halber Zwölf?"

Der Pfarr, ein tapfrer Gottesmann,
Trat streitbar vor sein Thor,
Mit Weihbrunn, Scapulier und Bann
Die Geister er beschwor:
„'Raus da! 'naus aus dem Haus da!
Daß Euch der Satan helf,
Kriegt Ihr ein' einzigen Tropfen Wein
Des Nachts um halber Zwölf!"

Doch fröhlich brummt der Rodenstein:
„O Pfarr, ich fang Dich doch!
Ein Geist, der nicht zum Thor kommt 'rein,
Probirts am Kellerloch!
'Nein da! .. 'nein da zu dem Wein da!
Hurrah, schon sind wir drin!
Sein Keller ist nicht schlecht besetzt,
Hurrah, wir trinken ihn!“

O armes, frommes Pfarrerherz,
Heut hat der Böse Macht!
Vergeblich rief er kellerwärts,
Daß das Gewölbe kracht:
„Schwein da .. Schwein da, bei dem Wein da!
Heißt das sich aufgeführt?
So laßt mir doch die Competenz,
Die einem Pfarr gebührt!“

Und als die Glocke Ein Uhr schlug,
Das Heer sang dumpf und hohl:
„Herr Pfarr, Herr Pfarr, jetzt ha'n wir g'nug,
Herr Pfarr, jetzt lebet wohl!
'Raus jetzt! 'raus aus dem Haus jetzt!
Herr Pfarr, und bleibt gesund!
's fließt nirgends mehr ein Tropfen Wein
Aus Krug und Hahn und Spund.“

Da flucht' der Pfarr: „Ich dank recht sehr,
Schwernoth! Ist alles hin,
So will ich selbst im wilden Heer
Als Feldcaplan mitzieh'n!
'Naus jetzt! 'naus aus dem Haus jetzt!
Herr Ritter, ich schlag' ein:
Ist all mein Wein zum Teufel, soll
Ein Andrer Pfarrherr sein!
Hussah, halloh!
Jo, hihaho!
Rumdiridi, langt's nit,
Hoidirido, selbst mit!
Höllischer Chor,
Heut reit' ich vor:
'Naus! 'naus! 'naus!!"

Die Fahndung.

Und wieder sprach der Rodenstein:
„Pelzkappenschwerenoth!
Hans Breuning, Stabstrompeter mein,
Bist mitten oder todt?
Lebst noch? .. Lebst noch und hebst noch?
Man g'spürt Dich nirgend mehr ...
Schon naht die durstige Maiweinzeit,
Du mußt mir wieder her!"

Er ritt bis er gen Darmstadt kam,
Kein Fahnden war geglückt;
Da lacht' er, als am schwarzen Lamm
Durchs Fenster er geblickt:
„Er lebt noch! .. Lebt noch und hebt noch,
Doch frag mich keiner: wie?
Wie kommt mein alter Flügelmann
In solche Compagnie?"

In Züchten saß der Stammgastschaar
Nach Rang und Würden dort,
Dünnbier ihr Vespertrünklein war,
Es klang kein lautes Wort.
„Sacht stets! .. sacht und bedacht stets
Ist Lebens Hochgenuß,"
So flüstert ein Kanzleimann just
Zum Kreisamtssyndicus.

In dieser Schöppleinschlürfer Reih
Saß auch ein stilles Gast,
Und als es acht Uhr war vorbei,
Nahm's Stock und Hut mit Hast.
„Acht jetzt! .. acht jetzt .. gut Nacht jetzt!
Einst war ich nicht so brav,
Doch ehrbar wandeln ist das Best',
Ich geh ins Bett und schlaf."

Der Rodenstein in grimmem Zorn
Hub grau'nhaft sich empor;
Dreimal stieß er ins Jägerhorn
Und blies mit Macht den Chor:
„'Raus da! 'raus aus dem Haus da!
'Raus mit dem Deserteur!
Das lahme, zahme Gast da drin
Gehört zum wilden Heer!"

Da faßt das Gast ein Schreck und Graus,
Erst sank es tief ins Knie,
Dann stürzt' es einen Maßkrug aus,
Schlug 's Fenster ein und schrie:
„'Naus da! 'naus aus dem Haus da!
O Horn und Sporn und Zorn!
O Rodenstein! O Maienwein!
Noch bin ich nicht verlor'n.
Rumdiridi, Freijagd!
Hoidiridoh, Freinacht!
Alter Patron
Empfah' Deinen Sohn!
Hussah, halloh!
Jo, hihahoh!
'Naus, 'naus, 'naus!"

IV.

Heidelbergiſch.

Numero Acht.

(Im Holländer Hof zu Heidelberg.)

Zwei Schatten seh' ich schweben
In später, später Nacht;
Wißt Ihr, wohin sie streben? —
— Beide auf Numero acht!

Der Hausknecht, als es läutet,
Mit einem Fluch erwacht;
Er weiß schon, was es bedeutet:
Beide auf Numero acht!

„Alt Holland steht in Nöthen,
Weh' uns, die wilde Jagd!
Weh' uns, die alten Schweden
Beide auf Numero acht!

„Heißt das als fleißiger Schreiber
Ein neues Buch gemacht,
Ihr grausamen Ueberkneiper
Beide auf Numero acht?

„Heißt das als frommer Pastor
An die Gemeinde gedacht,
Ihr sündenharte Laster,
Beide auf Numero acht?!"

Der Hausknecht, ungewaschen
Murrt er's und ungeschlacht,
Da lärmts: „He! noch zwei Flaschen,
Beide auf Numero acht!"

Und weiter singt es und klingt es
Und jubilirt und lacht,
Und bis zum Hausherrn dringt es:
„Beide auf Numero acht!"

Der spitzt betrübt die Füße,
Die Bettstatt seufzt und kracht;
Stumm nimmt er eine Prise:
„Beide auf Numero acht!!"

Die Martinsgans.

Tischlied beim großen Gansschmauß im Museum zu Heidelberg am
11. November 1857.

Eram nive candidior
Quavis ave formosior
Modo sum corvo nigrior
Refl. miser! miser!

Nunc in scutella iaceo
et volitare nequeo,
dentes frendentes video
Refl. miser! miser!
modo niger et ustus fortiter.

Carmina Burana p. 173.

Der Mensch ist ein Barbar von Natur
Er achtet nicht im mindesten die Nebencreatur,
    Thut sieden sie und braten,
    Verspeißt sie mit Salaten,
Schütt't Wein oben drauf aus güldnem Gefäß
Und nennt das gelehrt: Ernährungsproceß.

Mich gute Gans haben s' auch erwischt
Und allezeit gerupft und aufgetischt.

Zum Könige Gambrinus
Sprach einst schon Sanct Martinus:
„Die Welt, edler Herr, ist nicht viel nütz,
Doch trefflich schmeckt zu Bier wie Wein ein Pfaffenschnitz.“

Der eilfte Novembris war der Tag,
Allwo er dieses Wort mit Nachdruck sprach;
        Drum braten brave Leute
        Die Martinsgans noch heute,
Ich armer Vogel, ist das mein Lohn,
Daß man mich todt verzehret auf Subscription?

Wie anders war's, da auf der Waid
Als Gänslein ich prangte im Flügelkleid?!
        Auf einem Fuße stehend
        Und Aug und Schnabel drehend
Zum Liebsten, der just über den Rhein
In männlicher Reise als Gänserich kam heim.

O hätt' ich nie gemußt in die Stadt,
Wo niemals eine Köchin eine Bildung hat!
        Sie lachte sehr gemeine
        Und preßt' mich an die Beine
Und sprach: „Ob's dich auch drückt und verkropft,
Mit Wälschkorn wirst du jetzt vollgestopft!“

So werd ich schon bei lebender Zeit
Zu Braten und Pasteten vorbereit't;

Mein Geist geht sehr zurücke,
   Die Leber nur wird dicke;
Sie fragen nicht mehr: Ist schön ihr Gesicht?
Sie fragen allein: Wie fällt sie ins Gewicht?

Ist das der Dank, daß unsere Schaar
Der Hauptstadt der Welt Erretterin einst war?
   Von wegen Weinverkosten
   Schlief alles auf den Posten,
Ohn' unser tapfer Schnattern und Schrei'n
Hätt' Rom schon Anno Tubak französisch müssen sein.

Ihr schmausende Herrn, doch spart Euern Hohn,
Wir retten nicht zum zweitenmal die Civilisation:
   Und stürmt am Capitole
   Rheinwein, Bordeaux und Bowle,
Keine Gans wird Euch mehr warnen und krähn,
Doch jammernd werden morgen die Katzen vor Euch stehn.

—·+·—

Die letzte Hose.

Letzte Hose, die mich schmückte,
Fahre wohl! Dein Amt ist aus,
Ach auch Dich, die mich entzückte,
Schleppt ein Andrer nun nach Haus.

Selten hat an solchen Paares
Anblick sich ein Aug erquickt.
Feinster Winterburking war es,
Groß carrirt — und nie geflickt!

Mit Gesang und vollen Flaschen
Grüßt' ich einst in Dir die Welt;
Zum Hausschlüssel in der Taschen
Klang noch froh das baare Geld.

Aber längst kam das Verhängniß,
Die Sechsbätzner zogen fort,
Und das Brückenthorgefängniß
Ist ein dunkler stiller Ort . . .

Längst entschwand, was sonst versetzlich,
Frack — und Rock — und Mantels Pracht.
Nun auch Du! .. es ist entsetzlich! ..
Letzte Hose, gute Nacht!

Tag der Prüfung, o wie bänglich
Schlägt mein Herz und fühlt es hell:
Alles Irdische ist vergänglich
Und das Pfandrecht schreitet schnell!

Nirgend winkt uns ein Erlöser,
Letzte Hose! .. es muß sein! ..
Elkan Levi, dunkler, böser
Trödler, nimm sie! .. Sie sei Dein!

Stiefelfuchs, du alter treuer,
Komm und stütz mein Dulderhaupt!
Noch ein einziger Schoppen Neuer
Sei dem Trauernden erlaubt.

Dann will ich zu Bett mich legen
Und nicht aufstehn, wenn's auch klopft,
Bis ein schwerer goldner Regen
Unverhofft durch's Dach mir tropft.

Zeuch denn hin, die ich beweine,
Grüß' den Rock und 's Camisol!
Weh! schon friert's mich an die Beine! ..
Letzte Hose, fahre wohl!!

Der letzte Postillon.

Bald ist, soweit die Menschheit haust
Der Schienenweg gespannt;
Es keucht und schnaubt und stampft und saust
Das Dampfroß rings durch's Land.

Und wiedrum in fünfhundert Jahr
Weiß der Gelahrteste nicht
Zu sagen, was ein Hauderer war,
Was Fuhrmanns Recht und Pflicht.

Nur in der Nacht der Sonnenwend',
Wo dunkle Schemen gehn,
Wird zwischen Erd' und Firmament
Ein fremd Gespann gesehn.

Der Schimmel trabt, die Peitsche schwirrt,
Laut schmettert Posthornton,
Als Geist kommt durch die Luft kutschirt
Ein greiser Postillon.

Fahl glänzt am gelben Sperlingsfrack
Thurn Taxis' Wappenknopf,
Er raucht uralten Rauchtabak
Aus braunem Ulmerkopf.

Er raucht und spricht: „O Erdenball,
Wie anders schaust du drein,
Seit ich mit Sang und Peitschenknall
Reichspostdienst that am Rhein!

„O Zeit des Paßgangs und des Trabs,
Des Trinkgelds und des Trunks,
Des Poststalls und des Wanderstabs,
Des idealen Schwungs!

„Jetzt geht die Welt aus Rand und Band,
Die Besten ziehn davon,
Und mit dem letzten Hausknecht schwand
Der letzte Postillon.

„Jetzt rennt der Dampf, jetzt brennt der Wind,
Jetzt gilt kein Fruh und Spat,
Die Sonne malt und blitzgeschwind
Briefschreibt der Kupferdraht.

„O neues Rüstzeug, alter Kampf!
Wo treff' ich Glück und Ruh? . .
O Erdenphosphor, Gas und Dampf!
Fahr zu, mein Schimmel, fahr zu!"

Der Fünfundsechziger.

In luftiger Trinkkemenaten
— Den Ort gesteht man nicht ein —
Da prüften drei späte Nomaden
Den edelsten pfälzischen Wein.
Aus röthlichen Römern erblinkte
Des Rieslings feinperlendes Gold,
Des Höhensaums Rebgeländ winkte
Im Mondschein den Trinkenden hold.

Der Erste, ein weitum gereister
Philologus, spitzte den Mund:
„Das kochten uns Erdfeuergeister
Mit Aether und Sonne im Bund.
Drum fluthets und gluthet im Becher
Geistfunkelnd, sanftrhythmisch und voll,
Als sängen homerische Zecher
Ein jonisches Kneiplied in Moll.“

Der Zweite, ein trockener Kenner
Und Deuter des römischen Rechts:
„Proficiat," sprach er, „ihr Männer,
Wir läppern allhiero nichts Schlechts.
Wer schaut nicht, wenn bacchisches Donum
So goldklar im Kelchglase scheint,
Das Justum, Aequum et Bonum
In diesem Römer vereint?"

Der Dritte, der putzte die Lichter,
Die mächtig heruntergebrannt,
Und sprach: „Zwar bin ich kein Dichter
Und kunstlos und schlicht von Verstand;
Doch nähert sich solch einem Schoppen
Mein Herz ... dann überwallts ...
's is halt e verflucht feiner Troppen,
Ich segne die Hügel der Pfalz!"

Derweilen gieng draus auf dem Damme
Spießtragend ein Vierter vorbei,
Der blies eine wundersame
Gewaltige Melodei:
„Ihr Herren, und lasset Euch sagen,
Die Stadtgemeinde braucht Schlaf,
Die Glocke hat eilf Uhr geschlagen,
Wer jetzt nicht zu Bett geht, zahlt Straf'."

Perkêo.

Das war der Zwerg Perkêo im Heidelberger Schloß,
An Wuchse klein und winzig, an Durste riesengroß.

Man schalt ihn einen Narren, er dachte: „Liebe Leut',
Wär't Ihr wie ich doch Alle feuchtfröhlich und gescheut!"

Und als das Faß, das große, mit Wein bestellet war,
Da ward sein künftiger Standpunkt dem Zwergen
völlig klar.

„Fahr wohl," sprach er, „o Welt, du Katzenjammerthal,
Was sie auf dir hantiren ist wurst mir und egal!

„Um lederne Ideen rauft man manch heißen Kampf,
Es ist im Grund doch Alles nur Nebel, Rauch und
Dampf.

„Die Wahrheit liegt im Weine. Beim Weinschlurf
sonder End
Erklär' ich alter Narre fortan mich permanent."

Perkéo stieg zum Keller; er kam nicht mehr herfür
Und sog bei fünfzehn Jahre am rheinischen Malvasier.

War's drunten auch stichdunkel, ihm strahlte inneres Licht
Und wankten auch die Beine, er trank und murrte nicht.

Als er zum Faß gestiegen, stand's wohlgefüllt und
schwer,
Doch als er kam zu sterben, klang's ausgesaugt und leer.

Da sprach er fromm: „Nun preiset, ihr Leute, des
Herren Macht,
Die in mir schwachem Knirpse so Starkes hat voll=
bracht:

„Wie es dem kleinen David gegen Goliath einst gelang,
Also ich arm Gezwerge den Riesen Durst bezwang.

„Nun singt ein De Profundis, daß das Gewölb' er=
dröhnt,
Das Faß steht auf der Neige, ich falle sieggekrönt."

. . . Perkéo ward begraben. — Um seine Kellergruft
Beim leeren Riesenfasse weht heut noch feuchte Luft,

Und wer als frommer Pilger frühmorgens ihr genaht:
Weh ihm! Als Weinvertilger durchtobt er Nachts die
Stadt.

Das große Faß zu Heidelberg

der XXIV. Versammlung deutscher Philologen und
Schulmänner zum 27. September 1865.

Tischlied beim Festmahl im Banketsaal des Schlosses.

———

Glück auf! ein guter Genius
Kommt heut zum Schloß gezogen,
Collegialisch dröhnt mein Gruß
Euch deutschen Philologen;
Denn Ihr durchforscht mit Blick und Glück
Die Vorzeit Schicht' um Schichte,
Und ich, durchmorscht, bin selbst ein Stück
Cultur und Sprachgeschichte.

Aegypten hat die Mumien gut,
Den Geist schlimm aufgehoben
Und sog des Palmsafts heil'ge Flut
Aus dicken Nilkanoben. *

———

* Abbildung eines solchen mit Hieroglyphen übersäeten, enghalsi-
gen und dickbauchigen Krugungeheuers, dessen menschlich geformter Kopf
eine der altägyptischen großen Naturgottheiten darstellte, siehe bei
Minckwitz, Illustrirtes Taschenwörterbuch der Mythologie, Leipz. 1852.
s. v. Canobus. p. 151.

Auch dem Assyrer fiel's nicht ein,
Getränk zu überwintern,
Verschimmelt stand sein Dattelwein
In Keilschriftthoncylindern.

Der Stoff des weisen Salomo *
Kam nie zu seinem Hauche,
Denn sein Bouquet blieb immer roh
Im dunkeln Geisbockschlauche.
Erst als Phöniker Sand zu Glas
Umschmolzen in den Aschen,
Sah Israel .. zwar noch kein Faß,
Doch schon .. pitschirte Flaschen.

Europa, sumpfig, feucht und leer,
Ließ wild die Rebe treiben,
Die Salamander drohten sehr,
Den Menschen aufzureiben.
Der Erste, der im Urwald keck
Sich briet den Urstierschlegel,
Trug seinen Meth als Handgepäck
In einem schmalen Legel.

---

* „Baalhamoner". Salomo hatte einen Weinberg zu Baal=Hamon.
Hohes Lied 8, 11. Auch der aus den Weingärten zu Engeddi gewonnene
Stoff erschien preiswürdig. Hohes Lied 1, 14.

Der Kelte, der auf Pfählen saß
Und niedrer Bildungsstufe, *
Barg ein sehr zweifelhaftes Naß
In zweifelhafter Kufe.
In der Kimmerier Nebelgrau,
Bei Völkern rauh und zottich,
Kam auch kein großes Faß zum Bau,
Nur Bütte, Pott und Pottich.

Alt=Hellas fand die Faßform früh,
Doch nicht für Bacchos Wonnen;
Man pflag statt Weins Philosophie
In leeren hohlen Tonnen.
Das zweckbewußte Römerthum
Bedurfte starker Labe:
Zum magnum vas vinarium
Schlich Plinius schon als Knabe. **

Doch das antike Vasum war
Von Thon und spitz nach unten,
Und auch vom cadus ist nicht klar,
Ob Reif er trug und Spunten.

---

* Siehe die Mittheilungen der antiquar. Gesellschaft zu Zürich. „Pfahlbauten“. Erster Bericht. Band IX. Abth. 2. Heft 3. — Fünfter Bericht Band XIV. Heft 6.

** Vasa vinaria, siehe Plinius hist. nat. c. 21. Erhaltene Exemplare im Museum der helvetischen Römerstadt Aventicum, jetzt Avenches im Waadtland. S. Joh. v. Müllers Geschichte der Schweiz I, 68.

Das ächte Faß zeigt deutschen Schwung,
Es giengen die Germanen
Schon auf die Völkerwanderung
Mit Trinkglas, Faß und Hahnen.*

Dietrich von Bern rief oftmals froh
Im Keller seines Schlosses:
„Thata liubo fat, thata mikilo!
Du liebes Faß, du großes!"
Und oft sah ihn der Gothen Heer
Vergnügt dem Reichsschenk winken:
„Schafft eine Maas zu trinken her!
Skapia maziaia drinkan!" **

* Glasbecher aus altdeutschen Gräbern siehe Cochet, Nor-
mandie souterraine. Paris 1855. p. 185. — Lindenschmit, Das
germanische Todtenlager bei Selsen in Rheinhessen p. 27 — Hassler,
Das alemannische Todtenfeld bei Ulm, in den Verhandlungen des Ver-
eins für Kunst und Alterthum in Oberschwaben. Band XIII. p. 28.
Faß hahnen aus altdeutschen Gräbern siehe Hassler l. cit. p. 23
und die Abbildungen auf Tafel II. Fig. 12 und 13.
** Hier neigt sich das große Faß hochachtungsvoll vor den versammelten Mitgliedern der germanistischen Section und declinirt sich
selbst auf gothisch wie folgt:

Sing. nom. das große Faß   fat thata mikilô
gen. des großen Fasses fatis this mikilins
dat. dem großen Fasse fata thamma mikilin
accusativ wie nominativ.

Plur. nom. die großen Fässer fata thô mikilôna
gen. der großen Fässer fatê thizê mikilanê
dat. den großen Fässern fatam thaim mikilam
acc. wie nom. —

Die Erklärung des gothischen „scapia maziaia drinkan" siehe bei Maß-
mann, Gothica minora; in Haupts Zeitschrift für deutsches Alterthum. Band I. S. 379.

Des Rothbarts Kaisermacht empfieng
Den Reichstag gern beim Fasse
Und sang, wenn's auf die Neige gieng,
In althochdeutschem Basse:
„Iz rinnit nich ein tropho mêr,
Der wîn ist vortgehupfit . .
Du wê mîn grôzaz vaz stât lêr,
Sie hâ'nt mirz ûz gesupfit! . ."*

Als edler Bildungsdurst die Welt
Erfüllt mit edlem Streben,
Rief mich ein Kurfürst und ein Held
Als Burgsaß hier ins Leben.
Noch steh ich fest, wo alles fiel,
Des Pfälzer Geists ein Funken:
Groß im Gedanken, flott im Styl,
Und gänzlich — leergetrunken.

---

* Hier neigt sich das große Faß vor den anwesenden Germanisten zum andernmal und declinirt sich selbst auf althochdeutsch wie folgt:

Sing. nom. das große Faß   vaz grôzaz oder
                               vaz daz michila
     gen. des großen Fasses vazzes grôzes oder
                               vazzes des michilin
     dat. dem großen Faße vazze michilemu oder
                               vazze demo michilin
     acc. wie nom.

Den Pluralis fügt dasselbe nicht mehr bei, um nicht allzu ausführlich zu werden. Feliciter bibatis!

O wär' ich voll heut', Mann und Glas
Füllt' ich mit Rheinweinmassen! . .
Doch weh und ach! . . dem Hauptwort „Faß"
Fehlt längst sein Zeitwort „fassen".
„Geleerter Größe" bricht der Muth
Zu bacchischem Gedichte . . .
. . . Ich bitt' nur um die Note „gut"
In „Sprache und Geschichte".

V.

Aus dem Weiteren.

Ausfahrt.

Berggipfel erglühen,
Waldwipfel erblühen
Vom Lenzhauch geschwellt;
Zugvogel mit Singen
Erhebt seine Schwingen,
Ich fahr' in die Welt.

Mir ist zum Geleite
In lichtgold'nem Kleide
Frau Sonne bestellt;
Sie wirft meinen Schatten
Auf blumige Matten,
Ich fahr' in die Welt.

Mein Hutschmuck die Rose,
Mein Lager im Moose,
Der Himmel mein Zelt:
Mag lauern und trauern,
Wer will, hinter Mauern,
Ich fahr' in die Welt!

Alpenstraße.

Engiadina, terra fina,
Se non fosse la pruina.

Alter Spruch.

Wie schnaubt der Ostwind rauh mich an, wie pfeift's
in allen Schluchten,
Als ob mich sündenleichten Mann vieltausend Teufel
suchten!
Ohmê! an welch' ein End der Welt bin ich allhie
gerathen:
Auf Welschland ist mein Sinn gestellt und muß im
Eise baden.

Am Lärchenwald erschimmert's weiß von Riffen,
Zacken, Schrunden . . .
Ein Wall von Schutt, ein Strom von Eis hat sich
zu Thal gewunden,
In dämmernder Schneekönigspracht, auf finstrem Wol-
kensitze
Reckt Piz Bernina durch die Nacht die demantblanke
Spitze.

Sein Nebel deckt des Passes Höh'. Durchblasen und
               durchfroren
Schwank ich umher am schwarzen See und hab den
               Pfad verloren . . .
Wär' nicht ein Trost im Thal Valt'lin, genannt der
               Valtelliner,
Ich fluchte auf das Engadin und auf die Engadiner.

Runglstein bei Botzen.

Noch heute freut's mich, o Runglstein,
Daß einstmals, zu guter Stunden
In der Talfer felsenges Thal hinein
Zu Dir den Weg ich gefunden.

Melodisch scholl aus der Tiefe empor
Des Wildbachs entströmendes Tosen,
Am Burgpfad erblühten in lustigem Chor
Glutnelken und wilde Rosen.

Des Runglsteins verfallen Gebäu
Weiß nichts von Grämen und Trauern,
Der Geist der Dichtung, fröhlich und frei,
Nistet in seinen Mauern.

Herr Konrat Vintler einst oben saß,
Deß Kurzweil war, allerwegen
Beim Klang der Laute und Stengelglas
Der freien Künste zu pflegen.

Längst war des Minnelieds Glanz vorbei
Und Anderes wollt' sich gestalten,
Drum dacht' er, ein künstlerisch Konterfei
Entschwundener Pracht zu behalten.

Viel sinnige Maler malten ihm gern
Die Helden der altdeutschen Lieder;
Noch schauen Herr Hagen und Dietrich von Bern
Vom Söller zum Burghof hernieder.

Und Grau in Grau — dort den Saal entlang,
Wer deutet die Gruppen, die holden?
's ist Gottfrieds von Straßburg minniger Sang
Von Tristan und Isolden.

Tristan und Isolde auf weitem Meer —
Isolde und Tristan im Walde —
Brangäne lächelt — betrüblich sehr
Steht König Marke der Alte . . .

Noch heute freut's mich, o Runglstein,
Daß einstmals, zu guter Stunden,
In der Talfer felsenges Thal hinein
Zu Dir den Weg ich gefunden.

Durch der Fenster farbige Scheiben entsandt'
Die Sonne ihr Gold vor dem Scheiden;
Es umflammte die Schildereien der Wand
Wie ein Gruß vergehender Zeiten.

Im Rittersaale am hohen Kamin
Saß lang ich, in Sinnen versunken,
Und habe im feurigen Wein von Tramin
Des Vintlers Gedächtniß getrunken.

Wer immer in's sonnige Etschland fährt,
Halt' Einkehr in diesen Räumen,
Und ist ihm eine Isolde bescheert,
Mag er von ihr hier träumen.

Abschied von Olevano.

Trauernd tief stand Sir Juseppe
In dem Saal der Casa Baldi,
Wohl war Keiner je so traurig.
Traurig packt er seine Koffer,
Packt die Studien in die Mappen,
Zahlt die lange Wirthshausrechnung,
Zahlt den Schwarm der Ragazzini,
Buben, Träger, Maulthiertreiber,
Zahlt acht Paul auch für den Schuster,
Jenen gottverfluchten Zögling
Macchiavelli's, der die Stiefel
So heimtückisch weiß zu sohlen,
Daß nach vier und zwanzig Stunden
Sie von Neuem ruinirt sind.

Leer war Portemonnaie und Börse,
Auch in seinem Skizzenbuch lag
Kein Papiergeld mehr verborgen,
Und die Westentasch', wo fröhlich

Der Bajokk sonst vorgeklimpert,
Klang jetzt hohl — doch war's nicht dieses,
Was ihm seine Stirne furchte.
Nein, die Stunde war gekommen,
Wo der Mensch zur Abfahrt rüstet,
Wo selbst rauhgebeizte Maler
Dem Novemberwind sich beugen
Und gen Genazzano schreiben,
Daß der schnöde Raganelli
Sie nach Rom zurückbefördre.

Abschied — Abschied! bittre Stunde!
Darum brannt' er sich wehmüthig
Einen Scelto an und dampfend,
Während schwerer Sturm und Regen
An die mürben Fenster prasselt,
Sprach er Solches:
    „Wohl in manche gute Herberg
Kam ich schon auf meinen Fahrten,
Hab' an manchem guten Tropfen
Da und dort schon mich geletzet,
Stahl mir auch von schönem Mund schon
Manchen Kuß als Gotteslohn,
Aber nirgend war's so wohl, so
Waldursprünglich grundbehaglich
Wie allhier in Casa Baldi
Ob der Stadt Olevano.

Hochgesegnet sei der Biedre,
Der auf steilen Sandsteinhügel
Hier sich einst die Villa baute,
Wo der Cardinal Borghese
In dem sammtgeschmückten Armstuhl
Einstmals seines Rundbauchs pflegte
Und — zwar schweiget die Geschichte,
Doch dem Dichter ziemt Vermuthung —
Die schwarzbraunen Römerdamen,
Deren Contrafei noch jetzo
Im Salon so herrlich pranget —
Kirchenväterlich und würdig
In die Wangen einstens kniff.

Hochgesegnet sei der Andre,
Der die wirkliche Bestimmung
Dieser Villa tief erfühlend,
Strengerem Privatbesitze
Sie entzog und menschenfreundlich
Sie zur Malerherberg' umschuf.
Denn nur Maler und wem sonst noch
Künstlerische Adern pulsen,
Wissen ihren Werth zu schätzen,
Mehr als Scipio Borghese,
Cardinal und Arciprete.

Hier im Centrum der Gebirge
Lauschet Tag für Tag dem stillen

Ewig jungen Herzensschlage
Der Natur der Eingeweihte,
Und es kreisen die Gedanken,
Wie die Geier bei San Sisto,
In des Aethers reinen Höhen.
Unter uns, in fernem Nebel,
Liegt der ganze Menschenkehrig,
Und aus Fels, aus Baum, aus Fernen
Lesen wir die alte Keilschrift,
Die der Haufe nie verstehn mag:
Das Gesetz des ewig Schönen.

Wannen werd' ich diese Pfade
Wieder klimmen, wo aus grünen
Schattigen Kastanienwäldern
Der Serrone stolz emporsteigt;
Wo auf altkyklopischer Mauer
Jetzt die Sau von Civitella
Grunzend ihre Eicheln frißt,
Und die Hüterin der Schweine,
Die blauäugige Salomea,
Fruchtlos den Bajokko bettelt?

Wannen werd ich bei den alten
Eichen in der Serpentara
Wieder Mittagmahlzeit halten,

Wo gelockt vom Duft der Schüsseln
Züngelnd uns die Schlange naht?
Wannen endlich — denn dem Schönen
Eng verbunden ist das Gute —
Werd' ich wieder hier am Tische
Solche Maccaroni kosten?
Solche Hühner — solche Tauben?
Solche Fritti — solche Trauben?
Und dazu auf Discretion das
Indiscrete Quantum tilgen
Dieses roth samnitischen Landweins?

Nimmer wahrlich soll verstummen
Der Gesang des Danks und Preises,
Und wenn der Serrone selber
Ganz mit Lorbeern wär' bewachsen:
Nicht genügt's, den Kranz zu flechten,
Der der Schöpferin des Guten,
Der der Schaffnerin der Küche,
Der der würdigen Regina
Um das Haupt zu winden wäre.
Wenn wir jetzt schon solches denken,
Wie wird erst zu Rom im Lepre
Und im schäbigen Fiano,
Wenn der mag're Tag beginnet,
Die Erinn'rung sich vergrößern?
Unerreichbar, duftig, glanzreich,

Stillverklärt wie erste Liebe,
Fern wie alte Heldensage
Wird der Mythus von Reginas
Feiner Küche vor uns stehn:
Von den Fritti — von den Trauben —
Von den Hühnern — von den Tauben
Einstmals in Olevano.
O Regina, stolzes, dunkles
Kleinod der Sabinerberge,
Warum lebten wir nicht beide
In der Zeit des Frauenraubens
Unter König Romulus?

Bei dem Lob der kunstverständigen
Meisterin sei nicht vergessen
Sie, die in bescheidner Sphäre
Reinlich kaum, doch nützlich wirket,
Sie, der nächtlich der Capraro
Scheußlich monotone Weisen
An das Kammerfenster krächzt,
Die dem fremden Gast so gern ihr
Unerhörtes, sprachgewalt'ges
'rella mi!* . . . entgegenjohlt.
Geltru — Geltru! nimmer wird zwar
Dieser Sang Dein Ohr berücken,

---

* Poverella me! O ich Arme! scherzhaft wehklagend.

Wie die Lieder des Capraro,
Dennoch ruft er Dir: „Addio,
Ziegenhirtlich rauh geliebte,
Ritornellbesungne, kluge
Walterin des Hofs und Stalles,
Braune Tochter Samniums!
Oft noch wecke Dich im Schlafe
Deines Landsmanns Klaggeheul:
„Avete l'occhio nero e il ciglio biondo,
Denti d'avojo e labbra di corallo,
Siete la maraviglia del mondo."

... Selbst das Kind, die pockenarbige
Lala mit der rauhen Stimme,
Die so ganz unsalonmäßig
Sich uns oft entgegen tummelt,
Hat auf einen Platz in unserm
Herzen einen vollen Anspruch.
Denn sie trug so manchen großen
Ungemischten Krug vom Keller
Und sie lachte mit dem ganzen
Elfenbein der weißen Zähne:
„Trinkaswein alla tedesca!"'

Wannen endlich werd' ich wieder
Solch ein Häuflein treuer, biedrer
Farbenkundiger deutscher Meister,
Wie allhier, beisammen finden?

Deutschen Fleiß und deutsches Streben,
Deutsche Kunst im welschen Bergland!
Manchen seh' ich, der die Thräne
Einst im Aug' zerdrücken wird,
Wenn er, rostend in der Heimath,
Seine Mappen wieder öffnet
Und die Bilder dieses Herbstes
Farbreich vor ihm auferstehn:
Der Mamellen feine Rundung,
Civitellas Kalkfelskämme,
San Francescos Klosterthälchen;
Pagliano, Volskerberge,
Die Kastanien von Rojate
Und der Serpentara kühne,
Immergrüne Eichwaldpracht!

. . . Lebt nun wohl! Die Zithern schweigen,
Nimmer lockt des Tamburin Schlag
Uns zum kecken Saltarello;
Einmal nur wird unser Lied noch
Im Olivenhain erklingen,
Aber klagend, denn der Text heißt:
„Muß' i denn zum Städtle 'naus!“
Und dieweil ein deutsch Gemüthe
Innersten Gedankens Ausdruck
Gern im Weine sucht und findet,

Füll' ich mir zum letztenmal das
Glas mit diesem dunkelrothen:
„Dir gilt's, Hochland der Sabiner!
Dir gilt's, wackere Regina,
Dir, Bergnest Olevano!"

Also klagte Sir Juseppe
In dem Saal der Casa Baldi,
Kummer furchte seine Stirne,
Keinen Tropfen trank er weiter,
Und als Denkmal schweren Abschieds
Schrieb er's in das Hausbuch ein.

⋅—◆—⋅

Der Hut im Meer.

Das Sorrentiner Marktschiff trug
Orangen über Meer
Und flog mit leichtem Möwenflug,
Als wenn's ein Dampfer wär'.
Viel Volk fuhr mit; die Luft war lind
Und alles frohgemut,
Dann blies von Capri starker Wind —
— Fahr wohl, mein grauer Hut!

Bis eingerefft das Segel war
Lag Kiel und Mastbaum schief,
Der Bootsmann schalt, der Weiber Schaar
Zum Sant Antonio rief.
Noch einmal mir der Freund erschien
Im Kampf mit Schaum und Flut,
Dann trieb's ihn gen Pompeji hin
— Fahr wohl, mein grauer Hut;

Er füllte sich, schlug um und sank
Salzschwer hinab zum Grund;
Nun thut ihm die Korallenbank
Der Tiefen Wunder kund.
Asträen nisten um ihn her
Und Madreporenbrut,
Und der Polypen scheußlich Heer
— Fahr wohl, mein grauer Hut!

Hoch am Vesuviusgipfel stand
Ein Wölklein licht gekraust,
Als ich den letzten Gruß ihm sandt',
Das Haar vom Wind zerzaust:
„Sohn Irions* . . . im Auge quillt's . . .
Du warst mir weich und gut,
Einst Filz und jetzt Salzwasserpilz
— Fahr wohl, mein grauer Hut!"

. . . Graziella fuhr im Schiff wie ich,
Mein Unglück nahm sie wahr
Und bot als Schutz vor Sonnenstich
Ihr Busenfürtuch dar.
Und als mein Haupt, derweil sie's knüpft',
In ihrem Schooß geruht,
Hat mir das Herz vor Freud gehüpft
— Fahr wohl, mein grauer Hut!

* Irion, Hutmacher zu Heidelberg, Untergasse Nr. 28.

Der Delphin.

Cap Campanella war umschifft
Und nach Salerno gieng's,
Amalfis Küste, steilumrifft
Stand hoch und duftig links.
Die Barkenführer, kurzbehos't
Und halbnackt, scherzten roh
Und sangen als Matrosentrost:
    „'Sta sera Makkaró!" *

Im Salzhauch badend Haupt und Brust,
Die Seele ätherklar,
Genossen wir der Meerfahrt Lust,
Ein Pästumpilgernd Paar.
Wir grüßten Flut und Abendroth
In lautem Jubilo
Und grüßten auch das Abendbrot:
    „'Sta sera Makkaró!"

———————

   * **Questa sera maccaroni!** Heute Abend gibt's Maccaroni! ein electrisch die ermüdeten Kräfte anspornender, moralisch nachhaltiger Selbstzuspruch neapolitanischer Seeleute.

Wie bei Arions Zitherspiel
Versammelte sich bald
Ein Schwarm Delphine um den Kiel,
Spitzköpfiger Gestalt.
Hei wunderseltsam Meergeleit!
Sie purzelbaumten froh,
Als kennten sie des Spruchs Bedeut
    „'Sta sera Makkaró!"

Vor Allen Einer aus der Zahl
Schien sanft auf uns erpicht
Und schnaubte seinen Wasserstrahl
Dem Bootsmann ins Gesicht.
Doch der verstand die Freundschaft schief,
Griff's Ruder … he, hoiho!! …
Und schlug's ihm um den Kopf und rief
    „'Sta sera Makkaró!"

Spät sah das Boot Salerno's Strand,
Fein war die Trattorie.
Ein Berg von Maccaroni stand
Vor uns, schneeweiß wie nie.
Die Schiffer lobten Schmaus und Wirth,
Wir Pilger ebenso . .
Nur der Delphinus war blamirt.
    „'Sta sera Makkaró!"

Doch als das Meer phosphorisch schien
In mitternächtigem Schein
Da war's als schau uns der Delphin
Vom Golf zum Fenster r'ein.
Giftstachlig saugten unser Blut
Mordschnake, Wanz' und Floh . . .
Er aber lacht aus kühler Flut
    „'Sta sera Makkaró!"

Dem Tode nah.

(Bei Bordighiera am Mittelmeer, Riviera di Ponente.)

———

Zwölf Palmen ragten am Meeresstrand
Um eine alte Cisterne;
Der Wagen knarrte im Ufersand,
Die Sonne versank in der Ferne.

Still einsam war's. Die Flut begann
Sich im Abendpurpur zu färben,
Da rannte der Tod mich plötzlich an,
Daß ich vermeinte zu sterben.

Der Herzschlag stockte, es stockte das Blut,
Die Glieder wollten ermatten,
Die Freunde trugen mit trübem Muth
Hinab mich in kühlenden Schatten.

Da sprach ich ruhig: „O laßt mich hier,
Will nichts von der Heimfahrt mehr wissen;
Sie fragten dort drüben noch nie nach mir,
Können auch meine Asche vermissen.

„Hier umglänzt mich die alte blaugold'ne Pracht,
Die der Jugend Leid mir versüßte,
Hier murmelt das Meer so träumerisch sacht,
Als ob Sorrento mich grüßte.

„Hier umsteh'n, eine altbefreundete Schaar,
Mein Schmerzenslager die Palmen,
Im Fächerdach rauscht's voll und klar
Wie tröstende Sterbepsalmen.

„Hier fand ich Schönheit und Liebe und Glück
Fern allen Thoren und Laffen;
Gern kehrt die Seele von hier zurück
Zu dem, der das Schöne geschaffen.“

Der Tod aber rief von der Straße her:
„Gemach, das hat keine Eile;
Noch immer magst Du im Lebensmeer
Abzappeln Dich eine Weile.

„Kein übler Geschmack: so am Palmenstrand
Ein Grab in italischer Erden!
Du mußt, o Freund, erst im deutschen Land
Lebendig zur Mumie werden!“

Die Heimkehr.

Der Pfarrer von Aßmannshausen sprach:
„Die Welt steckt tief in Sünden,
Doch wo der Meister Josephus steckt
Weiß keiner mir zu künden."

Und als man rüstet' auf Weihnachtzeit,
Da war der Rhein gefroren,
Da stund ein Mann in Pilgramskleid
Wohl vor des Pfarrhofs Thoren:

„Herr Pfarr', Ihr sollt mir Indulgenz
Und sollt mir Ablaß spenden,
Daß sich mein arm trübtraurig Herz
Zu neuer Freud' mag wenden.

„Herr Pfarr', es war nicht wohl gethan,
Vom rheinischen Land zu scheiden,
Man trifft halt doch kein zweites an,
So weit man auch mag reiten.

„Bis hundert Stunden hinter Lyon
Bin ich ins Frankreich 'kommen,
Manch gutes Frühstück von Austern und Sect
Hab ich zu mir genommen.

„Ich hab zu Marseille im Café Türk
Unter Heiden und Mohren gesessen,
Ich hab am Pyrenäengebirg
Lauch und Garbanzos gegessen.

„Noch saust der Kopf mir, wenn ich gedenk
Der Seealpenmaid Filumene:
Zigeunerbraun Antlitz, kohlschwarzkraus Haar,
Wie Elfenbein glänzend die Zähne.

„Doch verpecht und verschwefelt ist alles Land
Ohne Freunde und Lieder und Liebe;
Vom Fieber geschüttelt und abgebrannt
Kehr ich heim aus dem fremden Getriebe."

Der Pfarr' von Assmannshausen sprach:
„Wohlauf, bußfertige Seele,
Mit unserm altheiligen Purpurwein
Salbe Dir Lippen und Kehle.

„Zu demselbigen Wein drei Tag, drei Nacht
In dunkelen Keller Dich schließe
Und halt bei den Fässern trinkend Wacht,
Daß Gnade sich über Dich gieße.

„In Krone und Anker ergib Dich sodann
Den geistlichen Uebungen fleißig,
Und erst bei des nächtlichen Wächters Nah'n
Dem Chorgesange entreiß Dich.

„Dann wird der Himmel ein Zeichen thun,
Er läßt keinen Büßer verderben:
Ein lichtes Weingrün, ein dunkles Roth
Wird Nase und Stirn Dir färben.

„Und prangt Dein Gesicht in solchem Ton,
Dann wird Dein Trübsinn sich hellen,
Dann magst Du, o lang verlorener Sohn,
Den alten Freunden Dich stellen.

„Wir sind die Alten; noch klingen beim Wein
Die Lieder von damals zu Berge,
Vom „Spatzen" und vom „Stieglitz sein"
Und der „sommerverkündenden Lerche".

„Wir sind die Alten, wir haben Dich gern;
Laß das Herz nicht von Kummer umnachten:
Und hätt'st Du noch ärger geschwärmt in der Fern',
Ein Kalb auch würden wir schlachten."

Da seufzte der Pilgram mit Thränen im Aug:
„O Pfarr' von Assmannshausen,
Wie Ihr, gottwohlgefälliger Mann,
Sprach keiner mit mir da draußen.

„Nun stoß ich meinen dürren Stab
In diese geweihte Erde,
Daß er in neuem Blatt und Laub
Ein Schattendach mir werde.

„Nun ströme, du rheinisch Traubenblut,
Du Hort unsäglicher Gnaden;
In deiner verjüngenden Feuerflut
Will ich gesund mich baden!"

Graziella.

Leis im feuchten Thau der Nacht
Kam der Lenz geschlichen,
Wo er schritt, ist Grün erwacht
Und das Eis gewichen.

Knaben jubeln durch's Gefild,
Lassen Drachen fliegen,
Die sich gaukelnd, windumspielt
In den Lüften wiegen.

Ewig neu't den Stoff Natur,
Neuert auch die Drachen:
Aus Kanzleimaculatur
Pflegt man sie zu machen.

Und mit leichter Schnur gebeut
Ein Kind den Fabelthieren:
Einst Scheusale, sind sie heut
Harmlos und papieren.

— Wie ich hoch am Kirchenthurm
Jene Drachen schaue,
Fliegt mein Denken wie im Sturm
Fern nach and'rem Gaue.

Gleiches Spiel gilt bei Sorrent,
Drach heißt dort „Cometa",
An Graziella's Arm gelehnt
Sah ich's oft in Meta.

Selig wie im Paradies
Spähten wir nach Napel,
Nicola der Bruder ließ
Den Comet vom Stapel.

Kern und Schweif erglänzt' im Schein
Untergeh'nder Sonne;
Küste, Golf, Orangenhain,
Alles schwamm in Wonne!

— O Graziella! gold'ne Zeit,
Da Geist und Herz noch sprühte:
Oft hat mir's auf das Haupt geschneit,
Seit jener Lenz verblühte.

Und darf ich einst vor Deinem Dach
Spät wied'rum Anker legen:
Fliegst Du wohl selbst als alter Drach
Dem deutschen Freund entgegen!

Der Grindwalfang an den Färöerinseln.

Was rennt das Volk an Thorhavns Strand,
Als drohten Corsaren mit Einbruch dem Land,
Was schwingt es Spieße und Stangen?
Die Färinger heben ein Kampfspiel heut an,
Heut füllen mit Speck sich die Tonnen und Thran,
Den Grindwal wollen sie fangen.

Fern tanzt ein Boot auf der bläulichen Flut,
Laut schallt sein Signalruf: „Grindabud!"
„Der schwarze Wal kommt gezogen!"
Und „Grindabud!" ruft es aus jeglichem Mund,
„Hinaus itzt in sonnheller Morgenstund'
Zur Hetzjagd auf schäumenden Wogen!"

Von Küste zu Küste fliegt hurtig die Mär,
Des Nachbardorfs Segel erglänzen im Meer,
Rings steigen die Feuersäulen;
„Schafft Wallfischmesser, schafft Schnüre mit Blei,
Schafft Lanze und Axt und Harpune herbei,
Frisch! zu! heut gilt kein Verweilen."

Und Alt und Jung kommt gerüstet zum Streit,
Selbst der dicke Amtmann macht sich bereit
Und verläßt seine friedlichen Tische.
Nur die Frau'n und der Prediger bleiben zu Haus,
Man fürchtet, es breche schlimm Wetter sonst aus
Und ihr Nahen verscheuche die Fische.

Nach wenig Minuten, bewehrt und bemannt,
Stößt ein Dutzend Boote vom felsigen Strand
Und schießt pfeilschnell durchs Gewässer.
Scharf pfeift der Nordost . . . wer macht sich was draus?
In die Hände geblasen! die Jacken aus!
Hemdärmlig rudert sich besser.

Jetzt leis! kein Geräusch! . . und schwatzt mir nicht viel!
Dort schwimmen die Wale, wir sind am Ziel:
Seht Ihr den schwarzdunkelnden Streifen?
Plumpriesige Häupter tauchen hervor,
Wie Springbrunnen blasen sie Strahlen empor
Und schnauben wie Orgelpfeifen.

Schnell hat sich im Halbrund geordnet der Kreis
Umzingelnder Boote . . . sie treiben leis
Zum Hafen die arglosen Schaaren.
Eine zwiefache Flotte; wer malt mir das Bild:
Die winzigen Treiber, das riesige Wild,
Nicht ahnend die Todesgefahren!

Der Grindewal, vom Geschlecht des Delphins,
Auch Butzkopf geheißen, ist sänftlichen Sinns,
Kein Raubthier, nur ungeberdig.
Dem Menschen gefällig, treibt oft er vom Meer
Die Häringschwärme zum Lande her,
Des Ueberfalls nicht gewärtig.

Gutmüthiger Sild=Reki! * in nächster Frist
Erprobst Du, was Dank bei den Nordmännern ist!
Die Reihen schließen sich enger . . .
Erreicht ist der Hafen . . . sie schwimmen hinein,
Mit Steinwurf und Ruderschlag hinterdrein
Die Boote ihrer Bedränger.

Jetzt halten die Grinden und wollen zurück . .
In Grau'n vor dem kommenden Augenblick
Hält auch die hetzende Meute . . .
Dann dumpfer Schrei: „Vorwärts! Fäll! Fäll!“
Vom Muschelhorn tönt Angriffsignal,
Das Eisen ereilt seine Beute.

Scharf saust die Harpune! . noch eine! . glückauf,
Gedoppelter Blutstrahl steigt senkrecht herauf,
Wild taucht der Getroff'ne zum Grunde.
Jetzt windet die Leine und rudert zum Land!
Haleya! wie rennen sie fest sich am Sand,
Wie klafft vom Speerwurf die Wunde!

---

* Sild=Reki, isländisch: Häringtreiber.

Scheffel, Gaudeamus.   10

Verrathen müh'n sich in seichter Bucht
Die riesigen Thiere. Unmöglich die Flucht.
Gestrandet sind all und gefangen.
Boot drängt sich auf Boot in kampfgieriger Eil',
Die Lanze schwirrt, dumpf hallt das Beil,
Roth schäumt's um die Ruderstangen.

Schon färbt sich Thorhavns durchsichtige Flut
Tief dunkelroth von der Opfer Blut,
Des Mitleids ist heute vergessen.
Blind dringen all auf den Haufen ein
Und stechen und hauen und toben und schrei'n,
Vom Dämon des Mordens besessen.

Schlachtarbeit links, Schlachtarbeit rechts!
Ein Jeder in steigender Wuth des Gefechts
Wird kühner und unbekümmert,
Ob zuckend in eisenverschluckender Noth
Der Wal das kecklich ihm nahende Boot
Mit wuchtigem Schwanzschlag zertrümmert.

Was thuts? Sie springen bis unter den Arm
In die Flut und mitten hinein in den Schwarm
Den Sterbenden weiter zu hetzen.
Schon taumelt er matter im Kreise umher,
Die Augen geblendet vom bluttrüben Meer,
.. Sein Speck muß das Fahrzeug ersetzen.

Und fruchtlos schnaubt im Verenden der Wal
Als blutigen Regen des Naslochs Strahl
Dem Feind auf Gesicht und Gewandung.
Sie hauen ihm eiserne Haken ins Maul
Und festigen dran der Stricke Knaul
Und schleifen ihn fort durch die Brandung.

Wer aber schwimmt jammernd dort drüben zum Land
Und hält das geschwollene Haupt mit der Hand
Und beginnt betrüblich zu klagen?
He, Grindwal! was hat Dir der Amtmann gethan,
Daß den dicken, den tapfern rechtskundigen Mann
Dein Schwanz so unsanft geschlagen?

Noch eine Stunde — und Stille ruht
Ob Schiffen und Strand und geröteter Flut,
Die Wasserschlacht ist zu Ende.
Erschlagener Achtzig decken den Sand,
Die Sieger reihen sie nebeneinand
Und waschen die blutigen Hände.

Dann kommt der Taxator und schätzt und schaut
Und schneidet die Zahl des Gewichts in die Haut
Und bemißt als Gesetzeshüter
Des Königs Zehnten, der Kirche Zins
Und einem Jeden den Theil des Gewinns
Nach Größe und Maß seiner Güter.

Dem Kampf ward sein Lohn und wir können nach
Haus,
Drum schneidet Leber und Herz gleich aus,
Die geben die leckersten Bissen.
Doch Du, Christine, bekommst davon nichts;
Durchdringt Dir das Walfett die Haut des Gesichts
Will niemand von Küssen mehr wissen.

Der Aggstein.

.. das purcstal hat angvangen tze pawen her Jörig
der Schrekk von Wald, des nechsten mantag nach
unser Fraun tag nativitatis, da von Crist gepurd
warn ergangen MCCXXVIII.

Inschrifttafel am dritten Thor der Burg.

———

Nun die ersten Lerchen stiegen
Und der Himmel freundlich lacht,
Hab auch ich zu neuem Fliegen
Wanderfroh mich aufgemacht.
Dir gilt's heut, Kuenringer Veste,
Aggstein, wetterbraun und roth,
Der gleich einem Geierneste
Auf die Wachau niederdroht.

Leicht ist Einlaß zu gewinnen,
Kein Gewaffen sperrt den Pfad
Und kein Hornstoß von den Zinnen
Meldet, daß ein Wandrer naht.
Linder Frühlingsluft erschlossen
Steh'n des Burgstalls Trümmerreih'n,
Und Jerg Schreckenwalds Genossen
Reiten nicht mehr aus und ein.

Hoch im Innern schlüpft ein Pförtlein
Auf den freien Fels hinaus
Und ein schaurig schmales Oertlein
Ueberrascht mit starrem Graus.
Rosengarten ist's geheißen,
Doch vieldeutig klingt das Wort,
Nur die dornig wilden weißen
Todesrosen blühen dort.

Mancher stand hinausgestoßen
Auf der Kuppe steilem Rand,
Bis ihn Sturm und Wettertosen
Und der Hunger übermannt;
Mancher, seine Qual zu kürzen,
Zog den Sprung zur Tiefe vor,
Wo zerschellt in jähem Stürzen
Bald sich sein Gebein verlor.

. . . Schwer empört schau ich das wilde
Denkmal wilder Menschenart . .
Sieh — da winkt versöhnlich milde
Auch ein Gruß der Gegenwart:
Schwindlig ob des Abgrunds Schauer
Ragt des höchsten Giebels Zack,
Und am höchsten Saum der Mauer
Prangt der Name — **Kiselak!**

Der Wasgenstein.

Interea vir magnanimus de flumine pergens
Venerat in saltum, iam tum Vosagum vocitatum.
Nam nemus est ingens, spatiosum, lustra ferarum
Plurima habens, suetum canibus resonare tubisque.
Sunt in secessu bini montesque propinqui
Inter quos, licet angustum, specus exstat amoenum
Non tellure cava factum sed vertice rupum;
Apta quidem statio latronibus illa cruentis.
Angulus hic virides ac vescas gesserat herbas.
Hunc mox ut vidit juvenis „huc" inquit „camus
„His iuvat in castris fessum componere corpus."

Waltharius 489 u. ff.

— —

Wer kennt im deutschen Grenzbezirke
Des Waidmanns Lust, den Wasgauwald,
Der einst den Völkern im Gebirge
Gleich einer Gottheit heilig galt?
Bei Jagdhornruf und Hundebellen!
Wie zog's mit Hall und Schall zur Pirsch,
Als noch an kressereichen Quellen
Sich stolz geäst der Edelhirsch.

Wo sind die Jäger, die einst lachten,
Wenn Jener stritt im Brautturnier,
Daß die Gehörne weithin krachten?
.. Still geht der Lenz heut durch's Revier ..
Ein Pfad biegt von des Maimont Gipfeln
In ein elsassisch Waldthal ein,
Und braunroth starrt aus grünen Wipfeln
Der Doppelklotz des Wasgenstein.

Wie ein vermoostes Waldgeheimniß
Ruht das geborst'ne Riesenhaus
In Schutt und schweigender Verträumniß
Von dunkler Vorzeit Räthseln aus.
Wer schuf den Plan zu solchem Werke?
Wer drang zuerst am Fels empor?
... Erdmänner höhlten ihn und Zwerge,
Giganten thürmten Thurm und Thor.

An diesen senkrecht steilen Rändern
Braucht's sichern Tritt und mannlich Herz.
Weh allen Crinolingewändern! ..
Der Blick verstürzt sich abgrundwärts.
Gäh schwebt der Aufstieg und verwittert
Und schwer ist's, am Geländer geh'n;
Wer keuchend in den Knieen zittert
Thut besser, es gemalt zu seh'n.

Auf fünfzig mürben Sandsteinstufen
Erklommen wir den Gipfel stramm
Und grüßten laut mit Willkommrufen
Des Himmels Blau vom schmalen Kamm.
Hocheinsam war's. Die wilde Taube
Entfloh dem Nest, vom Gruß verscheucht.
Licht schien der Frühling rings im Laube
Und seine Nebel wallten feucht.

Seltsam Gefühl auf solchem Riffe
Von freiem Schweben ob der Kluft,
Als wandle sich die Burg zum Schiffe
Und treibe schwankend durch die Luft:
Als Mast der Thurm mit hohen Rüstern,
Als Deck des Felskamms schmaler Horst,
Als Wellenschlag des Hochwalds Flüstern,
Als Meer der weite grüne Forst.

Wen ächter Schwindel so bezwungen,
Dem fällt betäubt nichts And'res ein,
Als Meister Gottfried * schon gesungen:
„Sie flüchen wieder in ihr Stein.“
Da wölbt, kyklopisch anzuschauen
Als Kammer sich ein schmal Gemach;
Ein einziger Pfeiler, grob behauen,
Trägt wuchtig alles Felsendach.

---

* Tristan und Isolt, 17399.

Hier in den langverlaff'nen Mauern,
Die Moder weißlich überflog,
War's, daß der Urzeit heilig Schauern
Noch einmal durch die Trümmer zog.
Ein Gang fuhr auf: — in fernen Tiefen
Erschienen Drei von Reckenart,
Die einen Heldenbergschlaf schliefen,
Dieweil den Tisch durchwuchs ihr Bart.

Der Leib wies Narben eingerissen,
Der Becher tausendjähr'gen Wein,
Dem waren Stirn und Aug' zerschlissen,
Dem fehlt die Rechte — dem ein Bein.
Krugtragend in der Schläfer Kreise
Stund eine Jungfrau groß und schlank,
Als ob sie in Walkyrenweise
Erst jüngst gebracht den Labetrank.

Und im Gewölb erscholl mit Dröhnen
Ein Lied von fremd ureig'nem Klang,
Das Einer in gewaltigen Tönen
Altfränkisch zu der Harfe sang:
Wie Held Waltari mit Hiltgunden
Aus Hunnenland zum Rhein entritt
Und mit den Besten der Burgunden
Am Wasgenstein den Zwölfkampf stritt.

Dann war's, als ob die Saiten schrillten:
„Wann kommt die Zeit? wann bricht der Traum?
Wann greift Ihr wieder nach den Schilden?
Wann grünt des Reichs verdorrter Baum?"
. . . Doch Hiltgund schwieg. Die Recken schwiegen,
Und alles schwieg . . . Da kam ein Zwerg . . .
Die Nebel sah man dichter fliegen,
Und mit Geknarr schloß sich der Berg.

— Walpurgistag den ersten Maien,
Wo alle Tiefen offen steh'n,
Ward von verfahr'ner Schüler Zweien
Dies Wasgauwunder angeseh'n.
Sie mischten in der Höhlung Spalten
Waldmeisterkraut zu würzigem Wein,
Und dichteten vergnügt und malten
Dies neue Lied vom Wasgenstein.

Trifels.

Ouch solt ir vil wol wizzen daz:
Dazwischent Strasburc als ich las
Un Spire lit drilic berc
als uns seit der warheit werc:
davon er Drivels ist genant
in allen landen wol bekant

Rudolf von Ems Weltchronik.

———

Noch schwellt kein Grün der Buchen Kronen,
Doch singt die Drossel schon vom Ast
Und mit dem Weiß der Anemonen
Mischt sich der Primel gelber Glast;
Annweilers Berge seh' ich wieder
Und ihre Burgdreifaltigkeit,
In Ehren alt, vernarbt und bieder,
Kriegszeugen deutscher Kaiserzeit.

Dort Scharfenburg, die schlanke feine,
Vor ihr der Felskloß Anebos,
Und hier, als dritter im Vereine,
Der Reichspfalz Trifels Steincoloß.

Ihr Thurm mit der Capelle Erker,
Der einst die Reichskleinodien barg,
Des Löwenherzen Richard Kerker
Wächst mächtig aus des Felsens Mark.

Tanzplatz ist noch der Kamm geheißen,
Wo einst in zierem Pfauentritt
Bei Harfenschall und Minneweisen
Des Kaiserhofes Reigen schritt.
Ahi! wie sah man Tücher winken,
Als hier am zwölften Maientag *
Bei vieler tausend Helme Blinken
Der sechste Heinrich Abschieds pflag!

Im ernsten Auge sprüht' ein Feuer,
Als klirre schon der Speere Krach:
„Constanze, Weib dem Herzen theuer,
Bald rächen wir Salerno's Schmach;
Eh' sich die Wälder herbstlich färben,
Die heute diese Fahnen seh'n,
Soll siegreich Uns und Unsern Erben
Das Reichspanier am Aetna weh'n!"

Als ihres Kaisers Heergeleite
Ritt eine stolze Fürstenschaft
Und seinem Bruder treu zur Seite
Philipp von Schwabens junge Kraft.

* Des Jahres 1194.

Noch zog des Rothbarts blondem Kinde
Kein Frühlingsahnen durch den Sinn,
Daß er die Braut Irene finde
Als dieser Maifahrt Beut'gewinn.

Gleich einer ehernen Schlange wanden
Die Helme sich den Wald hindurch
Und alle Heerdrommeter sandten
Als Abschiedsgruß das Lied zur Burg:
„Ihr frische Rosen, sanfte Lilien,
Lebt wohl und blüht in Gottes Hut;
Des Adlers Flug geht nach Sizilien,
Ihn dürstet nach Normannenblut!"

Wer weiß noch von den Rittern allen
Aus Schwaben, Franken und vom Rhein,
Die damals fest als Reichsvasallen
Schwerttrugen in der Streiter Reih'n:
Vom Truchseß Markward von Annweiler,
Trushard vom Kestenberger Schloß,
Vom treuen Heinz von Meisterfele,
Vom Eberhard von Anebos?..

... Ob ferner Wasgauhügelreihe
Sprüht gold'ner Sonnenuntergang
Und still schwebt Frühlingsabendweihe
Des Reichs verlass'nen Berg entlang.

Dann, mit des letzten Gold's Verglimmen
Füllt rings die Thäler feuchtes Grau
Und auch der Seele Saiten stimmen
Sich äolsharfenweich und lau.

O Jugendkraft, wie wirst du älter!
Bald tritt auch mir die Stunde nah,
Da ich nicht mehr durch deutsche Wälder
Auszieh' in's Land Italia.
Bald bleicht des Wand'rers müd Gebeine
Vergessen in der Erde Schooß,
Und wie des Trifels mürbe Steine,
So deckt auch seinen Grabstein Moos.

Zavelstein.

Kleine Burg für wenig Mannen,
Städtlein, rußig, eng und schmal,
Rings des Schwarzwalds Edeltannen,
Unten tief das Teinachthal —
Rauhe Lüfte, Wolkenflüge,
Schneegestöber, Sonnenschein:
Also wandernd im Aprilis,
Schaut' ich einst den Zavelstein.

Nie von Riß und Sprung genöthet
Ragt sein schlanker Römerthurm
Wie gegossen und gelöthet
Quaderfest im Zeitensturm . . .
. . . Ruhsam stund der Ortsbewohner
Vor dem Haus im Sonntagskleid,
Auch der Burghof pflag der Ruhe
Winterschläfrig, tiefverschneit.

Aber oftwärts auf den Halden
Weicht besiegt der Schneelaft Druck,
Seine Kelche hoch entfalten
Will ein wilder Blütenschmuck,
Und im Schmelz der Farbentöne,
Dunkelviolett bis weiß,
Drängt sich fremde Purpurschöne
Ueppigft wuchernd aus dem Eis.

Crokus, Sproß des Morgenlandes,
Selt'ner Gaft auf Schwabens Flur,
Zeugniß ewig jungen Frühlings
Und uralter Weltcultur:
Wo itzt Flocken niederwirbeln
Auf die wohldurchblümte Au,
Pflanzte einft ihr Saffrangärtlein
Eine kluge Römerfrau.

Saft den Süpplein ihrer Küche,
Herzarznei für böse Sucht,
Dunkeln Locken Wohlgerüche
Zog sie aus der edeln Frucht.
Und im Anhauch dieser Blume
Schritt sie, wenn der Frühling nah,
Opfernd zu dem Heiligthume
Der Diana Abnoba.

Rippoldsau.

„Curae vacuus hunc locum adeas,
ut curae vacuus abire possis, nam non
curatur, qui curat "
Alter Badspruch.

———

Im Schwarzwald vor viel hundert Jahr
Im engen Thal ein Klösterlein war,
Drinn hausten viel andächt'ge Brüder
Und sangen Psalmen und Bußelieder;
Der frömmste von der frommen Heerde
War Bruder Rippold der Vielgelehrte.
Der saß und saß in seiner Zell'
Und rührte sich nicht von der Stell',
Wollt' alles wissen, was heilige Schrift
Und Gott und die Welt und die Menschheit betrifft.

Oft saß er noch beim Lampenschein
Des Nachts auf harter Holzbank allein
Und legt' die Bücher nicht aus der Hand,
Bis bleiern der Schlaf ihn übermannt.

Allein, so wie es oftmals ergeht,
Zu vieles Brüten den Menschen verdreht,
Sein Blick ward träg, sein Kopf ward schwer,
Als wenn ein Brett d'ran genagelt wär',
Und in einsamen Stunden, statt sich zu erfreun,
Bildet' er die thörichtsten Sachen sich ein.
Wenn er 'mal tüchtig nießen mußt',
Glaubt' er, es fehl' ihm auf der Brust;
Versetzt' ihm Einer einen Nasenstieber,
Vermeint' er, es gäbe das Nervenfieber,
Und hatt' eine Mück' sich auf's Haupt ihm gesetzt,
Gedacht' er sich schon zum Tode verletzt.

So schuf er mit Mißtrau'n und Krittlichkeit
Dem ganzen Kloster Verdrießlichkeit,
Bis endlich der Abt am Versammlungstag
Mit gerunzelter Stirne solches sprach:

„Wohl weiß ich, es hat jeder Mensch in dem Stillen
Seine eigenen Mücken und Käfer und Grillen,
Doch, wie Ihr's treibt, Herr Rippold, so ist's nicht
                                        erlaubt,
Ihr habt wahrhaftig Hornschröder im Haupt!
In der Einöde draus mögt Ihr gehen spazieren
Und mit fixen Ideen den Wald ennuyren,
Aber unser Convent ist kein Narrenhaus,
Ihr müßt noch heut aus dem Kloster hinaus!"

Da faßten die Brüder Herrn Rippold schnelle
Und setzten ihn jäh vor die Gotteshausschwelle
Und warfen ihm noch mit bösem Gelach,
Brevier und Brodsack zum Fenster nach.

... Wo jetzt ein wohlerbaut Badehaus prangt,
War alles Wildniß. Von Dornen umrankt
Stand dunkel und finster der Tannenwald,
Des wildsten Gethieres Aufenthalt,
Und ungestört von verderblicher Jagd
Sagten Füchse und Eulen sich dort gute Nacht.

Betrübt zog dort Herr Rippold ein,
Ihn freute nimmer der Sonnenschein,
Und selber die herrliche Waldesluft
Erschien ihm wie Moder und Leichenduft.
Nur im dicksten Dickicht gefiel es ihm recht
Wie einer Kreuzspinn' in ihrem Geflecht,
Und verdrießlich brummt er in langen Bart:
„O Leben! wie bist du bitter und hart!
Ich wollt', es würde mich Einer ermorden,
Oder ich wär' ein flinkes Eichhorn geworden,
Das klettert und hüpft doch und knackt seine Nuß,
Mich aber erlöst nur der Tod vom Verdruß."

Bei solcherlei Schwermuth war es kein Wunder,
Daß er täglich kränker ward statt gesunder,

Er schrumpfte zusammen als wie ein Greis,
Die Haare bleichten ihm silberweiß,
Und es dauerte kaum Tag und Jahr,
Daß er wirklich nah an dem Sterben war.
Da nahm er mit fiebrig zitternder Hand
Sich Spaten und Axt von der Klause Wand,
Um draußen am Bach beim Granitgestein
Sich zu hauen ein Grab als Todtenschrein.
Sein dumpfes Hacken am Felsen erklang
Wie Sterbegeläut den Wald entlang.

Und als nun vollendet die Grabeshöhle,
Befahl er dem Herrn seine sündige Seele
Und sprach: „Du falsche Welt, gut Nacht!"
Und legt' sich hinein in den finstern Schacht.

Doch in diesen gesegneten Thalesgründen
Ist nimmer und nimmer der Tod zu finden,
Und wie er so lag und zu sterben gedachte,
Erbebte der Boden und wankte und krachte;
Feucht weht' es ihn an — er vernahm mit Erstaunen
Ein unterirdisches Rauschen und Raunen,
Wie Sprudeln von Quellen schlug's an sein Ohr,
Rick — rack — und wrumm! Da hob's ihn empor.

Ein mächtiger Wasserstrahl mit Gebraus
Warf jählings Herrn Rippold zum Grabe hinaus,

So hoch wie der nächste Tannenbaum
Flog triefend er auf in den leeren Raum,
So daß, als er glücklich herab war gekommen,
Er wirklich ein tüchtiges Sturzbad genommen.
Da stand er und schüttelte dreimal sich
Und beschaute sich selber verwunderlich;
Ein neues Leben durchzuckte die Glieder,
Als kehre die Kraft und die Jugend ihm wieder.
Den Quell sah er sprudelnd blinken und winken,
Er wußt' nicht warum, er mußt' davon trinken.
Er schöpfte mit hohler Hand sich die Flut,
O Wunder! das schmeckte so fremd und so gut,
Von schäumenden Perlen durchwallt und durchzischt,
Als hätte ein Berggeist den Trank ihm gemischt.
Und schnalzend sprach er: „Wie wird mir — o Schauer,
Das sprudelt ja salzig und kohlensauer!
Dringt stärkend und lösend durch Mark und Gebein
Wie niemals der feurigste Edelwein!
Du gütiger Himmel, hab Dank für die Spende,
Nun geht meine Trübsal und Krankheit zu Ende,
An diesem Heilbrunn, statt Grab und Tod
Erglänzt mir ein neues Morgenroth!"

Herr Rippold dachte an's Sterben nicht mehr,
Er schleppt' einen Steinkrug zur Quelle her
Und trank und trank ohne Unterlaß
Schon am ersten Tag über sieben Maaß.

Kaum hob sich des andern Tages die Sonne,
So trank er schon wieder mit neuer Wonne
Und nahm sein Bad in der bergfrischen Welle
Und schnalzte vergnüglich gleich einer Forelle,
Ward zusehends lustig und jodelt' und sang,
Daß ein fröhliches Echo den Tannwald durchklang.

Auch mehrte sich merklich sein Appetit,
So daß er mit unverzagtem Gemüth
Einen ganzen Schinken und Brodes drei Laib
Verzehrte, als wär's nur ein Zeitvertreib.
Als zweiter Nimrod, mit Bogen und Pfeil
Durchzog er die Waldung von jetzt an in Eil',
Schoß Hirsche und Eber, und kam auch ein Bär,
So sprach er: „Das freut mich nur um so mehr,"
Und schlug mit gewaltig erhobenem Stein
Aus freier Hand den Schädel ihm ein.
Denn wer hier trinken und baden kann,
Den sicht kein Ungeheuer 'was an.

Herr Rippold lebte zu selbiger Zeit
In der allereinsamsten Einsamkeit;
Es führte zu ihm nicht Steg, nicht Pfad,
Und niemals waren ihm Menschen genaht;
Nur selten bei seiner Einsiedelei
Trieb ein Hirtenkind seine Heerde vorbei.

Doch früher, bevor er die Quelle entdeckt,
War Herr Rippold immer gewaltig erschreckt,
Wenn er die Maid nur von ferne erschaute,
Und sprang, dieweil ihm wahrhaftig graute,
Scheltend, so weit ihn trug sein Fuß,
In's Waldesdickicht mit Groll und Verdruß,
So daß die Hirtin betrübt oft klagte
Und im Stillen zu sich selber sagte:
„Dies scheint, so weit ich es beurtheilen kann,
Ein frommer, aber ein grober Mann.“

Der Hirtin Antlitz war zart und fein,
Sie schaute sanft in die Welt hinein,
Und ihre Wangen, ein wenig bleich,
Schufen ihr Aussehen träumend und weich.
Sie hütet' am Saum vom Tannenwalde
Die Heerde auf grüner Bergeshalde,
Trank die würzige Bergluft in vollen Zügen
Und spielte mit ihren Lämmern und Ziegen.

Nun fügte sich's einmal von Ungefähr,
Daß Herr Rippold jagend den Wald kam daher,
Und wiederum, was sonst ihn so schreckte,
Er von ferne den Strohhut der Hirtin entdeckte.

Doch heute erschien er durchaus nicht verdrossen,
Am Waldsaume stand er wie festgegossen

Und dachte: o seltsamer Wechsel der Zeit! —
Sonst floh ich meilen= und meilenweit,
Jetzt mag ich durchaus nicht mehr von der Stelle:
Ist dies vielleicht auch eine Wirkung der Quelle?

Drauf faßt' er einen tapfern Entschluß
Und bewegte zur Jungfrau hinab seinen Fuß
Und sprach, doch nicht ohne innere Sorgen
Und bedeutend verzagt: „Recht guten Morgen!"

„Schön Dank!" gab ihm die Hirtin zurück,
Dann warf er auf sie einen seltsamen Blick
Und schwieg. Eine längere Pause entstand,
Bis daß Herr Rippold sich wieder ermannt
Und mit tapferm Herzen zum Zweiten sprach:
„Es scheint mir heut ein sehr schöner Tag."
Dann aber, als wäre zu viel schon geschehn,
Verschwand er, ohne sich umzusehn.
Doch item und item — wer weiß wie's geschah! —
Des andern Tags stand er wiederum da,
Und wären die Tannen nicht still und discret,
So wüßt' man auch, was sie noch weiter geredt:
Doch jedenfalls blieb es bei stiller Verehrung
Und kam zu keiner nähern Erklärung.

Da begab sich, daß nach etlicher Frist
Am gewohnten Platze die Maid ward vermißt.

Sie lag zu Haus schier gefährlich krank.
Herr Rippold sprach: „Gott Lob und Dank!
Nun find' ich doch endlich Gelegenheit,
Ihr zu dienen in Treue und Freundlichkeit."

Und eines Morgens, um sechs Uhr präcis
— Es wehten die Lüfte gar lieblich und süß —
Sah man, wie Herr Rippold besorgt und gerührt,
Die Hirtin am Arm zu der Quelle geführt,
Er schöpfte ein Glas und sprach zierlich und schön:
„Das trinket zu Euerm Wohlergehn,
Dann rath ich Euch, etwas zu promeniren,
Sodann ein zweites Glas zu probiren,
Und unmaßgeblich will mich bedünken,
Wir könnten in Zukunft gemeinsam hier trinken!"

Und item und item — wer weiß wie's geschah —
Sie sagte nicht nein und sie sagte nicht ja,
Doch Herr Rippold ging bald in den Tannwald hinaus
Und suchte den höchsten Baumstamm sich aus
Und schlug einen Nagel hoch oben in Stamm
Und hieng seine Einsiedelkutte daran.
Die Hirtin aber ward unverweilt
Durch des Quells erquickenden Zauber geheilt,
Fuhr wieder zu Berge, stark und groß
Und blühte als wie eine Frühlingsros'.

Und item es dauerte wieder nicht lang,
Tönt' festlich im Thale der Glockenklang.
„Was wallt dort zum Klösterle?" Mancher frug,
Und die Antwort war: „Ein Hochzeitzug." —
Am Portale stund mit den Brüdern der Abt
Im vollen Ornate, beringt und bestabt,
Und sprach: „O Rippold, geprüfter Mann,
An Dir hat der Himmel ein Zeichen gethan,
Und weil Du, der leidenden Menschheit zum Frommen
Der Quelle zuerst auf die Spur bist gekommen,
Sollst Du, befreit von Gelübde und Zwang,
Die Au dort verwalten Dein Leben lang,
Sollst Herberg' halten für Männer und Frau'n,
Sollst Stuben zum Trinken und Baden erbau'n,
Sollst alles, was dienlich, schaffen heran,
Selbst Damensalon und Kegelbahn."

Und wieder erklangen die Glocken gar traut,
Da kniete Herr Rippold mit seiner Braut,
Da sprach der Abt vom geschmückten Altar
Seinen Segen über ein glückliches Paar,
Und gab sie zusammen als Mann und Frau . . .
Das ist die Geschichte von Rippoldsau.

Die Schweden in Rippoldsau.

Vor zweihundert Jahren — Wem ist's nicht bekannt? —
Ertobte der Krieg im deutschen Land,
Die Schweden und die vom Wallenstein
Schlugen einander die Schädel ein,
Und dauerte über dreißig Jahr,
Bis die Schlachtenfurie verbrauset war.

Doch das friedliche Rippoldsauer Thal
Blieb verschont von des Krieges Gewitterstrahl,
Und Mancher, dem kranken Leib zum Frommen
Ist Heilung suchend zur Quelle gekommen.
Man lebte damals schier so wie jetzt,
Man hat sich mit mancherlei Kurzweil ergötzt,
Ein trefflicher Badwirth sorgte wie heut
Für gute Herberg' und Schnabelweid.
Man schlürfte die Quelle und sprach nur wenig
Von Papst und Kaiser und Schwedenkönig.
Die Alten tranken und rauchten Tabak,
Die Jungen fanden am Ballspiel Geschmack,

Die Damen in Reifrock und hoher Krause
Scherzten und lachten beim Mittagsschmause,
Und Abends tanzte man zierlich und nett
Auch ein steif graciöses Menuett.

Die Badmusik war in vorzüglichen Händen,
Sechs Mann mit verschiedenen Instrumenten
Spielten rüstig und unverdrossen drauf los,
Und war schier jeder ein Virtuos.
Da begab sich's im dreiundvierziger Jahr,
Daß Herr Johann Petzold Baßgeiger war,
Der hieng eines Abends im Monat August
Seine Geig' auf den Rücken mit großer Lust
Und stieg auf die Holzwälder Höhe empor,
Um unbelauscht von der Badgäste Ohr
Ein neues Adagio einzustudiren,
Womit er am Sonntag wollt' excelliren.
Denn für des Brummbasses dröhnend Walten
Ist's besser, einsame Proben halten;
Die Baßgeige lieben viele Personen,
Mögen doch nicht neben dem Baßgeiger wohnen.

Drum kam Herr Petzold mit Cello und Bogen
Hinauf in den lustigen Tannwald gezogen
Und schaute weit in die Lande hinein
Bis zum Straßburger Münster am glitzernden Rhein,
Er suchte ein schattiges Plätzlein im Moose
Bei Farrnkraut und duftiger Weidenrose;

Hell klang in die Waldesstille und froh
Sein funkelneues Adagio.

Doch wie's so recht voll in den Saiten rauschte,
Da spitzt' er auf einmal die Ohren und lauschte;
„Zum Teufel, was hör' ich, was hat sich gerührt?
Ich werd' aus der Ferne accompagnirt!
Trom trom! trom trom! trari, trara!
Nun hilf uns, heil'ge Cäcilia!"

Herr Petzold hatte in früheren Tagen
Bei Pappenheims Reitern die Pauke geschlagen;
Seit der Lützner Affaire kannt' er den Ton:
„So trommt und trompetet der Torstenson!
Trom trom! trom trom! trari, trara!
O heil'ge Cäcilie, der Schwed' ist da!"

Herr Petzold hat keine Silb' mehr gesprochen;
Aufsprang er, wie von der Tarantel gestochen,
Er schultert die Baßgeig' und sah nicht mehr um,
Vergaß selbst sein gelb Colofonium,
Ließ Noten zurück und Sacktuch und Kapp'
Und sprang wie besessen den Tannwald hinab.
„Gut Nacht, Adagio und Bademusik!
Gut Nacht, der Petzold kommt nimmer zurück!"

Im Bad indeß hatte niemand Kunde,
Was Herr Petzold erlauscht in jener Stunde,

Es kamen, wie sonst, die Herren und Damen
Im Speisesaal zum Souper zusammen.
Der Expeditor bracht' an Paket und Brief,
Was mit der Wolfacher Post einlief.
Auch von Freiburg der alte Herr Kreispräsident
Erhielt ein gesiegelt Pergament,
Und man bemerkte, daß etwas blaß
Seine Züge wurden, als er es las;
Es scheint, auch in dieser Epistola
Stand was von trom trom und trari, trara!
Denn er flüsterte Frau und Tochter 'was zu
Und rief auch plötzlich den Badwirth herzu
Und sprach: „Ich verreise früh morgen um vier,
Besorgen Sie schnell einen Wagen mir!"
Und wiewohl kopfschüttelnd der Badwirth sprach:
„Sie haben bestellt ja für dreißig Tag
Die Wohnung und sind erst seit heut im Quartier;"
Erwidert' er: „Dennoch verreis' ich von hier!"

Des andern Morgens früh um vier Uhr
Er mit Extrapost von dannen fuhr.
Auch der Herr von Questenberg von Wien
Nicht mehr, wie sonst, an der Quelle erschien.
Er nahm, trotz seinem seidenen Rock,
In derselben Kutsche Platz auf dem Bock.

Um acht Uhr saß alles wie sonst beim Café
Im Hof und unter der Lindenallee,

Doch die Musik schlich traurig heran,
Statt sechsen waren's nur fünf Mann,
Und was sie spielten, war incomplet,
Daß schier man sie ausgepfiffen hätt'.
Drum zu den Gästen mit klagender Miene
Sprach entschuldigend die erste Violine:
„Wir sind ruinirt, ein verstimmter Accord:
Die Baßgeig mit sammt dem Petzold ist fort!"

Da wurde viel geschwatzt und gesprochen,
Ob Freund Petzold wohl seinen Hals gebrochen,
Oder ob als leichtfertiger Musikant
Er ohne Abschied von dannen gerannt;
Die Menschheit ist stets geneigt zum Bösen,
Man machte viel boshafte Hypothesen:
Er hab', als Verliebter, im Schatten der Nacht
Einer Wälderin ein Baßgeigenständchen gebracht,
Oder liege, von süßem Weine trunken,
Wohl in jammervolle Träume versunken;
Nur der Flötist sprach mit edelm Muth:
„Der Petzold ist klug und weiß was er thut!"

Und wieder nahte die Mittagsstunde
Und saßen die Gäste in fröhlicher Runde,
Die Schüsseln dampften — nur auf der Tribüne
Dacht' die Musik mit betrübter Miene:
„Bald kommt der Braten, o schlimmes Signal,
Heut spielen wir nur zu unserer Qual,

Wir sind ruinirt, ein verstimmter Accord,
Die Baßgeig' mit sammt dem Petzold ist fort!"

Der Braten kam, schon schwirrten die Geigen,
Da flog durch den Saal ein bedeutungsvoll Schweigen,
Die Fenster klirren — o bittres Dessert!
Ein Kanonenschuß vom Kniebis her!
Noch einer — piff, paff! — 's ist nimmer geheuer,
O Gott, Geschütz und Musketenfeuer!
Und zwischen hinein: trom trom, trara!
Behüt' uns der Herr vor der Musica!

Wie wenn der Blitz in ein Taubenhaus schlägt,
Schwirrt alles verstört und bewegt und erregt . .
Dort fällt ein Stuhl — hier zerbricht ein Teller,
Dort verschüttet einer den Muscateller,
Die Damen schluchzen, die Kinder schrei'n, —
Der taucht sein Biscuit in Senftopf ein —
Der fordert die Rechnung — der Rosse — der Wagen —
Der denkt: jetzt hat meine Stunde geschlagen
Und spricht zur lockigen Nachbarin:
„Ich lieb' Euch! laßt uns zusammen fliehn!"
Der ruft zum Wirth: „Ade, seid geduldig!
Für diesmal bleib' ich die Zeche schuldig!"
Der zupft ihn am Aermel — der tritt ihm den Fuß:
„Ein Königreich für einen Omnibus!
Auf, auf! helft, helft! schon hört man ganz nah
Trom trom, trom trom, — trari, trara!"

O Rippoldsau, du stilles Thal,
Wie warst du verwandelt mit einem Mal,
Seit der Sündflut hat in verworrener Flucht
Keine Gesellschaft so das Weite gesucht.
Hier trug ein Herr auf erhobenem Arm
Eine ohnmächtige Dame durch den Schwarm,
Hier galoppte ein Reiter die Straße hinab,
Dort entfernte ein Hausknecht zu Fuß sich im Trab,
Ja, ein verspäteter Unglückssohn
Ritt auf dem Haushund Sultan davon.

Eine halbe Stunde — und still und stumm
Lag Badhaus und Quelle und alles ringsum,
Nur auf der Galerie der Musik
Blieb ein einzig menschliches Wesen zurück.
Es war der Flötist, er stieg fröhlich und munter
In den menschenverlassenen Saal herunter
Und sprach: „Wozu das unnütze Rennen!
's ist Zeit genug noch, um durchzubrennen,
Doch ein Laufen mit Durst und mit leerem Magen
Das kann kein Flötenspieler vertragen.“

Er setzte sich an den verlassenen Tisch
Und that sich noch gütlich mit Braten und Fisch,
An Biscuit und Mandeln, am ganzen Dessert,
Als ob kein Schwed' in der Nähe wär ...
Auch steckt er gelassen in seine Taschen
Zwei unversehrte Affenthaler Flaschen,

Bis daß auf fünfzig Schritte nah
Es von neuem klang: trari, trara!
Trom trom, trom trom, trom trom, hurrah!
Der Schwed' ist da, — der Schwed' ist da!

Da griff er ruhig zu Flöte und Hut;
„Ich sagt's ja, der Petzold weiß, was er thut.
Jetzt noch ein Glas Wein und das letzte Stück Kuchen,
. . . Dann will auch ich den Petzold suchen!"

—— •⸺

Festgruß

zur Feier von Hebel's hundertjährigem Geburtstag
10. Mai 1860.

Den in Schopfheim zur Festfeier Versammelten.

———

Gott grüßich all, ihr liebi Here z'Schopfe,
I hanich nennis z'brichten us der Frembi.
So 'ne verfahrne Säckinger Trompeter
Isch selte d'heim; 's viel Sitze g'fallt em nit,
Und wie der Vogel, wenn der Früehlig chunnt,
So fliegt er us und singt in andrem Land.
Drum chani ietz nit zuenich, 's thuet mer leid.
Doch loset, was mer jüngst bigegnet isch.

Im Baierland isch mi Station.   Und gester
Do fahri uf'me wunderblaue See,
Me seit em Chiemsee oder bairisch Meer,
Und find' en Insle, sunnig, suser, chli
Und friedli still.   Es huuse Fischer dört
Und Chlosterfrauen immen alte Stift;

Lerm hört me wenig: numme Glockeg'lüt
Und Ruderschlag und frohe Vögel G'sang.
Denn d'Vögel hen e liebi Herberg dört.

Uf dere Insle stöhn as wie 'ne Chron'
Uralti Lindebäum, im Zirkel pflanzt,
Und spieglen ihri Dölder wit im See.
Me seit, es syg scho in der Römerzit
'Ne Heiligthum dört gstanden und es gieng'
No mengis mol dört Öppis, geistwis um.

Wieni dörthi chumm — grad am erste May,
Es isch 'ne milde Früehligsobed gsi,
Wurds langsam dunkel, d'Sunne sinkt in See,
E wengli no hen d'Alpegipfel g'lüeht,
Derno isch lisli 's letzti Roth verlöscht
Und Mondschi wurds und klari Sternenacht.

Und wieni mi verträumt im Gras dört streck,
Und wieni d'Stern am Himmel glizzre seh
Und wieder glizzren in der Wasserfluet,
So denki das und deis . . . und sag für mi:
„Ihr liebi Stern, Liecht us der andre Heimeth,
Ihr liebi Stern, i wott, ich wär bi euch!"
Und chlip und chlap! — was witt und was bigehrsch?
Husch runscht's mit Flüegelschlag im Lindewipfel
Und stöhn zwei Engel vormer, g'schlachti Burscht,
In blauem Häs, mit Sterneblueme g'chrönt,

Und sage: „So denn! b'sinn di nümme lang,
„De muesch mit eus! hesch's just nit selber g'seit:
„Ihr liebi Stern, i wott, i wär bi euch?
„Hüt isch Walpurgisnacht: Was ein do wünscht,
„— E Sunntigschind, e landverfahr'ne Schüeler, —
„Flugs g'schicht's. — Huppla! mer fliegen eben use,
„Uf wele witt? . . 's batt Nüt, de muesch jez mit!"

„— He! sagi, dunderschieß! 's isch eigetli
„So scharf nit g'meint . . . mueß denn gly g'floge sy?
„Me würd doch au no Öppis rede dörfe?
„I ha scho viel erlebt, scho mengerlei
„Fuhrwerch probirt und bi in menger Wis'
„Dur d'Welt scho g'rutscht, doch vo men Engelpaar
„Verarretirt und sternwärts transportirt:
„Sell nie! . . He nu, es isch mer ei thue z'letscht,
„Und mueß denn g'floge sy, se denk' ich wohl
„Mer wend zum Morgestern! der isch der liebscht
„Von alle mir in Gottes Himmelsgarte,
„'s het mi scho lang e Sehnsucht nochem plogt."

Und chlip und chlap! — was witt und was bigehrsch?
Ein Engel faßt mi links, der ander rechts:
Eis, zwei und drei! . . und husch, so goht's in d'Luft
Und uf und furt! . . Bim Strohl! en Jsebahn,
E Luftballon, e Telegrafedroht

'z isch all's e Schneckepost, wemme's vergliicht
Mit so'me Engelsliegwerch d'Milchstroß' ufe.
Jo, uf und furt … Chumm luegi wieder nidsi
Schint scho mi Chiemsee numme ne silbrig Pünktli
Und bal schrumpft d'Erde zuere Chugle z'semme,
Wird chli as wie der Mond und wird no chliner
Und schwebt, e winzig Sternli, fern im Luft,
Bischeidener as menge Her uf ihr.
Und wieder no' re Wil, so funklet scho
Zue euse Füeße fremdes schönes Land
Mit Berg und Thal .. und: „Ufgluegt!" seit mi
G'leitsma,
„Der Morgestern!" .. und sänftlig sinkt der Flug
Und mini Sohle gschpüere wieder Bode.

„De Morgestern!" ruest au der ander Engel,
As wie 'ne Conduktör, wemme d'Station het,
Und Othem schöpfi: „Helfis Gott, so sagi,
„Es trümlet mer im Chopf und vor den Auge,
„Lönd mi e weng verschnuufe, daß i au
„Schön Dank cha sage … Uff! deis heißt e Schnellzug!"

„O b'hüetis!" lacht der Engel, „chumm e g'mischte!
„Meinsch, d'wiegsch so liicht as wie ne Seifeblösli?
„E Güeterzug isch's gsy, und no e schwere!
„Jetz gang und schau di um. Mer müen no witers."

O Morgestern! wie lieblig isch's uf Dir!
Zwor nit gar anderst as bei eus, doch heitrer
Und glänziger isch d'Gegnig gsy und wärmer,
As wär dört ewig Früehlig, ewig Sunntig;
Und scho am Luftzug het me g'schpüert, es weiht
E sanftrer Othem dört .. i selber bi
Mer gröber vorcho wie 'ne Hozzewälder,
Der uffen Bal dappt z'Friburg im Museum.
Doch wandli fürwärts. Lueg, do isch e Thal,
E prächtig Matteland und schöni Waldig
Und klar und frisch e Bergforellewasser.
. . . Es het mi g'mahnt ans hinter Wiesethal,
Wemme vo Mammbach nidsi goht go Huse
So schön het alles blüeht, so saftig frisch
Heu d'Chrüter gschproßt . . . Früeh ischs no gsi am
                                        Morge.
Doch wien'i witers chumm, so höri rede.
Am Waldhang sitzt en alt ehrwüerd'ge Greis,
Schneewis vo G'wand und mild vo G'sicht und Art,
Um ihn im Moos e lustig Chindervolch.
Schuel het er g'halte. Nei, wie hens'em g'loofet.
Me het jeds Läubli wisple g'hört im Wald.
Und Zucht isch gsy und Ordnig. Me hets g'merkt
Der bruucht kei Ruethe, 's Büdeli ze versohle.
Druf schließt ers Buech und lächlet und seit: „So!
„Jetz singt no Eis, dann chönnd 'er gö go spiele,
„Und über d'Matte gumpe, doch gend achtig,

„Daß kei's 'ne Mejeblüemli z'jemmetritt,
„Und thuend keim guete Thierli öppis z'leid!"

Was meinet er, as d'Chinder g'junge hen?
    „Se helfis Gott und gebis Gott
    E gute Tag und b'hüetis Gott!
    Mer beten um e chrijtlig Herz,
    Es chunnt eim wohl in Freud und Schmerz,
    Wer chrijtli lebt, het frohe Mueth,
    Der lieb Gott stoht für alles guet."

Dann packes z'jemm und batsche froh in d'Händ
Und springe furt. Der Greis chunnt uf mi zue:
„Gottwilche", seit er, „was bisch du für Ein'?"
Ich antwort: „Nüt für unguet, eigentli
    „Se g'höri nit ganz uf de Morgestern,
    „Doch lockt's mi zuenich, d'Sproch schint mer bikannt
    „Und euer Singe heimlet mi so a."

„He woher chunnsch denn?" frogt er. — „Wither", sagi,
    „'s wird Euch villiicht nit accurat bikannt sy:
    „Es isch e ferne Stern, me heißt 'en d'Erde,
    „Drin isch en Erdtheil, der Europia heißt,
    „In sellem Erdtheil isch e Land, heißt Dütschland,
    „In Dütschland aber isch am Rhi e Ländli . . ."
„Zem Dunderwetter!" brummlet do der Alt,

Du morgesternverflogen Erdechind,
„Meinsch echt, mer wüsse hielands au nit mehr
„As wie der Föhreli us der Geography?
„Wie goht's denn z'Karlsrueh?"

                  „Jo, Element,
„Luts so? Excüse, sagi, he! 's goht guet!
„'s isch allwil no ne sufri glatti Hauptstadt,
„'s het viel gschtudierti gschidi Here drin,
„Und Wibervoelcher! .. 's isch die helli Pracht!
„'s treit sicher keini uffem Morgestern
„E Stahlreifvogelchesirock wie die!
„Au stohts noch allwil im Haardwaldsand
„Und nit am Rhi — wiewohl se'nen schier gar
„Hig'leitet hätte ... jo! .. und d'Schwarzwaldberg
„Sin au nit nöcher g'ruckt, no Menge chunnt
„Dört Heimweh über no sim Oberland!"

   „Du liebes Oberland!" seit mild der Greis,
„Du liebes Oberland .. Wie gohts'nen au
„Z'Lörrech und z'Schopfe und am waldige Feldberg?"

   „He!" hani denkt, „Staub, Gift und Bopperment!
„Der Ma weiß besser B'scheid uff euserer Erd
„Als ich im Morgestern! Was isch au das?
„... He nu! sie tribes ziemli," sagi druf,
„Gottlobundank, me cha si nit biklage.
„'s goht Handel und goht Wandel. D'Isebahn
„Daempft überal derdur. Bis Waldshuet fahrt me,

„Au's Wiesethal würd bal locomotivisch,
„Der Denglegeist cha nechstens Schiene dengle,
„Wenuen der Dampf nit ganz vertribt vom Wald.

  „Sie hen au schöni Strosse g'leit durs Land,
„Vom Todtmes nidsi, wo si d'Wehre tummlet
„Im Felseg'chlüst, — der Wiese wildi Schwester —
„E chech Zigünerchind, .. zieht jez e Fahrstroß
„Wohlg'muuret, fest, nit liicht hig'foersterlet.
  „Selbst uf de Feldberg stigt me jez biquem:
„E Thurn stoht ussem Gipfel und me cha
„De Sonnenufgang prächtig drin verschlose.

  „.. Durst hen sie au, gottlob, no kei z'erlide!
„Denn z'Lörrech vorn und im Marggrövlersand
„Was meinsch wie's in de Chellere jez bstellt isch?
„Dört lit e Wi ... hei, tusigsappermost,
„Me schnuust jez nümme viel vom Vieredrißger,
„Der Siebnesüßger goht no über Baumöl!
„Der het e Füür! Blitzusig! .. d'Sunne chönnt er
„Illuminire, wenn sie nit scho hell wär,
„D'Planete chönnt er us de Bahne werfe
„Und alli Fixstern wacklisacklis mache.
„Witt au dervo? 's gäb scho! de bruuchsch mer nümme
„E regelmäßgi Engelfahrpost anz'geh,
„Der Blankehorn vo Mülle schickt e Fäßli.“

  Derwil me so hen z'semme dischkerirt
Isch d'Sunne mächtig hinterm Waldhang fürcho
Und alles isch in Duft und Glanz verklärt gsin.

Do höri fernher d'Chinder wieder finge:
„Dört chunnt fie fcho, was hani gfeit
In ihrer ftille Herlichkeit!
Sie zündet ihre Strahlen a,
Der Chilchthurn wärmt fie an fcho dra
Und wo fie fallen in Berg und Thal
Se rüehrt fi 's Leben überal."

Der Greis feit nüt und faltet lisli d'Händ.
Und wien i mer fin Antlitz jetz bitracht,
Wie's früendli blitzt im goldne Sunneftreiflicht,
Se chunnt es mer bikannt vor und bikannter,
Und 's überlauft mi warm. „Tufig gottswill!
So rüefi: „'s wird nit fy? .. ftoht nit bim Schloß
„Vo Karlisruch im fchattedunkle Garte
„En ifern Denkmol, 's treit e goldig Bruftbild?
„Hani als Chnab nit oft dört gfchpielt und g'frogt:
    ‚Wer ifch der Ma mit finer edle Stirn,
„Sim chrufe Hoor, fim Lächlen um den Mund?'
„Sin fell nit Euri Züg? ifch nit der G'fang,
„Den felli Chind dört fingen, an von Euch
„Und find Ihr nit der Johann Peter Hebel?"

Do winkt der Greis und lächlet fin und feit:
„'s cha fy, 's cha fy .... denk wohl, i bin en giu,
„Doch ifch's mer jetz, wenn i dört abi lueg,
„Juft wienis früeher felber b'fchribe ha:

„„Lueg, dört isch d'Erde gsy und selle Berg
„„Het Belche g'heisse . . . nit gar wit dervo
„„Isch Wisleth g'sy, dört hani au scho g'lebt
„„. . und möcht jez nümme hi . . .!"„

        . . . Verstohsch mi au?
„Und weiß me öppis dunte no vo mir?"

„O Meister," rüefi, „nei, wie magsch so froge?
„Se lang im Feldberggrund ne Tanne wurzlet,
„Und d'Wiese strömt und d'Wehre und de Rhi,
„Se lang no Meidli flink und dundersnett
„Und Buebe Obeds um de Liechtspohn sitze,
„Wenns Marei seit: verzehlis nämmis, Ätti,
„Se lang weiß me vo Dir und wird me wüsse!
„'s isch Kein meh cho, der g'junge het wie Du
„So frisch vom Herzen und so heimeth-treu,
„Ders g'füehlt het, was im zarte Haberchörnli,
„In Feld und Wald, in Felsen und in Bäche
„Für e verborgni Offebarig lebt,
„Kein, dem wie Dir, die guete Schwarzwaldgeischter
„Ihr Sproch zueg'flüstert hen, ihri g'heimi Sache,
„Der die Böse selber, de Irrgeist und de Puhu
„So z'bschwöre weiß mit scherzhaft spitzge Wort!
„Weger, 's het Grund, aß, wemmen ussem Wald
„Jetz in e Stube goht, uf's Brettli wist,
„Wo's Husarchiv und d'Büecherei verwahrt stoht,
„— Links ob der Thür — und frogt: „was hender do?"

„Der Husßer seit: „Mi Bible und mi Hebel!"
„'s bruucht nit viel mehr zuem fromm und froehlich sy.
„O Dichtersma, wie möcht i Di drum nide!
„Und niden um Din ewig heit're Sinn,
„Um Dini Räthsel, Dini Husfründg'schichtli,
„'s Schatzchästli, voll vo g'schliffne Edelstei!
„Hörsch mengmol nit im Morgestern e G'lächter
„Recht usem Zwerchfell, wemme d'unte liest,
„Was D' vo der nasse Schlittefahrt verzehlsch,
„Vom Zirkelschmied und vom Kannitverstan?
„Und zupfts Di nit, de chämisch und luegtisch wieder?
„'s gäb mengis neui Hauptstück in Calender,
„Und mengis „Merke!" mengis „Item!" z'schribe!
„Im Zundelfrieder und im Zundelheiner
„Sin starchi Chind und Kindeschind erwachse
„Und sin woluf . . . me sperrts nümme all ins Hüsli.
„Denn 's git, sie tribes Handwerch fürnehm jetz
„Und chuderwelsche aß eim trümlig wird.
„Wer Schulde macht und nümme ans Zahle denkt
„Heißts: „Credit Mobilier", und wenn er nimmt,
„Was ihm nit zueg'hört, — weisch wiemes jetz heißt?
„I sag ders nit . . . 's wär au öpp's für de Hus=
                                        fründ!
„Jo weger, Meister! chumm und fahr mit abe!
„Sell gäb e Freud! . . me trüeg Di uf de Hände
„Durs badisch Ländli dure . . d'Karlsruher
„Sie nähme Di hüt wieder zum Prelat,

„D'Verleger chäme schaarewis, sie böte
„Der für de Boge senfezwänzg Dubloue!
„Und in der Heimeth!.. nei, was glaubsch aff d'saechsch?
„Was glaubsch, wem rüstet si's ganz Oberland
„Am zehnte May zum Fest und Ehretag?
„Wem gelte d'gschmückti Hüser, d'Böllerschüeß?
„D'Musik und d'Fahne, d'schwarzi Fräck, de Chilch=
gang?

„Meinsch 's syg e Schillerfest?.. De wursch Di schnide!
„Me chennt au andri Lüt.. he! 's wird scho chnalle,
„Daß d'Ohre chlinge, piff und paff und puff!
„Und merke würsch, ob men an Hebel denkt!"

So hani g'redt. Er aber git mer d'Hand,
(In sinen Auge hen zwei Thräne perlt)
„Schwig," seit er, „schwig und mach mers Herz nit
schwer!

„Doch wenn de heimschribsch, meld, i loß es grüeße,
„So viel ihr 's Gläsli lupfe, d'ganz Versammlig!
„Und wenn eis früeih am zehnten oder ölften
„An Himmel luegt und siecht de Morgestern
„In stärchrem Glanz und schier unrücihig funkle:
„So isch's e Schi, er chunnt aus ns 're Heimeth..
„Es isch mi Dank!.. Der Hebel segnet euch!.."

    Druf isch er furt und mit kein Aug meh z'seh.
Gli druf hen d'Engel mi am Chrage gno,
Und chlip und chlap! se bini wo 'ni gsi bi.

.. So isch mi Bricht, ihr liebi Here z'Schopfe.
Lönds ordli chnalle! Piff und paff und puff!
Und no'nemol! .. wenns Gläsli au verspringt,
Es schadet nüt:

   Der Meister Hebel hoch!
Und hoch si Heimeth, 's allemannisch Land!